Souvenance Legrand GOLO-KOLO

N'aie pas peur, avance par la foi

Souvenance Legrand GOLO-KOLO

N'aie pas peur, avance par la foi

Éditions Croix du Salut

Imprint

Cover image: www.ingimage.com

Publisher:
Éditions Croix du Salut
is a trademark of
Dodo Books Indian Ocean Ltd. and OmniScriptum S.R.L publishing group

120 High Road, East Finchley, London, N2 9ED, United Kingdom
Str. Armeneasca 28/1, office 1, Chisinau MD-2012, Republic of Moldova, Europe
Managing Directors: Ieva Konstantinova, Victoria Ursu
info@omniscriptum.com

Printed at: see last page
ISBN: 978-620-8-86351-7

Dédicace

Je dédie ce livre

A tous ceux qui ont reçu de la part du Seigneur Jésus-Christ une mission à accomplir mais qui se demandent comment s'y prendre. Par peur des hommes ou par peur d'échouer, ou encore à cause de leurs incapacités ou des obstacles qui se dressent devant eux, ils hésitent de se lancer.

A tous les hommes et femmes de Dieu qui traversent des moments difficiles, exceptionnels et une aventure unique de foi. Vous êtes appelés à faire éclater la gloire et la puissance de Dieu en accomplissant l'impossible avec Dieu. Trouvez ici l'encouragement nécessaire.

A tout l'ensemble du corps de Christ, appelé hors du monde pour vivre sa foi, et en particulier à tous les frères, sœurs et serviteurs de l'Église Évangélique la Voie.

Que Dieu vous bénisse et vous accorde la grâce nécessaire de faire sa volonté et d'être des hommes de foi.

Introduction

Me voici avec les enfants que l'Éternel m'a donnés, nous servons de signes et présages en Israël de la part de l'Éternel des armées qui demeure sur la montagne de Sion. Ésaïe 8 : 18

Le Dieu fort, terrible et redoutable, l'Éternel des armées. Le Dieu Tout-Puissant, Créateur de toutes choses visibles et invisibles (Colossiens 1 :16), Maître du ciel et de la terre, des temps et des circonstances (Daniel 2 :21), capable des choses infiniment extraordinaires et au-delà de l'imaginable. Il ramène à la vie ceux qui sont morts et appelle à l'existence ce qui n'existe pas (Romains 4 :17). Il se sert des faibles pour accomplir des grandes choses et Il utilise des incapables pour réaliser ce qui est humainement impossible. En lisant les Saintes Écritures, nous sommes souvent frappés, étonnés, enthousiasmés voire même troublés par le fait de voir comment Dieu à travers les âges déploie sa grande puissance sur des hommes simples. Or, ce sont des hommes que la société ne faisait aucun cas, compte tenu de leur faiblesse, de leur pauvreté, de leur instabilité émotionnelle, ou encore de leur incapacité physique et intellectuelle, etc. Des hommes que personne n'aurait choisis pour une mission quelconque de grande envergure mais ce sont des gens que Dieu a choisi et rendu capables (2 Corinthiens 3 :5) pour leur confier des missions complexes et extraordinaires. Ces hommes étaient des faibles, des lâches et des incapables ; mais après avoir été formés, transformés et équipés par Dieu, et tout en étant continuellement renouvelés et remplis de l'Esprit de Dieu, deviennent des champions de Dieu (2 Samuel 2 :8), de héros de la foi (Hébreux 11). Ils rappellent à leurs concitoyens qu'il y a qu'un seul Dieu créateur de toutes choses et c'est Lui seul que nous devrions adorer et servir. Comme la lumière fait fuir les ténèbres, ces hommes font fuir les puissances sataniques.

Malheureusement, pour bon nombre d'entre nous aujourd'hui, cette immense-puissance de Dieu fait partie de l'ancien temps comme si l'Éternel des armées avait pris sa retraite, comme si la puissance de Dieu n'est plus d'actualité. Par conséquent, la majeure partie des frères et sœurs en Christ se contentent d'une vie chrétienne à moitié, c'est-à-dire sans puissance à cause du manque de foi, de courage, de confiance, ou encore de manque d'obéissance suffisante et totale à Dieu. Ils hésitent de se lancer et ils ont souvent peur. Pourtant Dieu ne change pas, Il est le même hier, aujourd'hui et pour l'éternité (Hébreux 13 :8). Nous avons souvent peur d'échouer, peur d'essayer, peur de prendre le risque, peur des hommes et de leurs moqueries. Nous hésitons et ne voulons pas obéir au commandement de Dieu lorsqu'Il nous ordonne de nous lancer dans des nouvelles missions, d'accomplir de nouvelles activités, de faire avec Lui de nouvelles expériences ; bref de Le suivre dans de nouvelles aventures de foi, même s'il y a des fois où ces missions auxquelles Dieu nous appelle paraissent comme folles et souvent difficiles à comprendre ou à expliquer.

Je me souviens du jour où le Seigneur Jésus-Christ est venu me dire : Legrand arrête avec les études que tu es en train de faire, j'ai quelque chose d'autre pour toi. Je faisais maintenance industrielle. Je lui ai répondu : Seigneur, je suis un homme et je suis appelé à avoir une famille dont je dois prendre soin. D'ailleurs, dans notre société moderne, sans avoir terminé l'école ou avoir une formation, je ne suis rien. Et, que dirais-je à papa, parce que j'avais très peur de mon père. Mais le Seigneur insista encore plus. Je suis allé demander conseille aux frères de l'église et à certains pasteurs. Les frères m'ont dit que ce n'était pas Dieu qui me parlait, selon eux Dieu ne peut demander à quelqu'un d'arrêter les études et cela m'a semblé vrai. Certains pasteurs m'ont dit que je devais continuer avec l'école. Il y avait un combat terrible au-dedans de moi et personne ne me comprenait même pas le pasteur, jusqu'à ce qu'un frère m'a dit un jour ; Legrand, certaines choses que Dieu nous demande de faire ne concernent que soi-même et personne d'autre à part soi-même ne peut les comprendre. Malgré ce conseil, j'ai voulu continuer avec l'école parce que j'avais peur de l'avenir et je voulais réussir à tout prix. Une semaine après, le Seigneur est venu m'ôter toute l'intelligence à tel point que je ne comprenais plus rien en classe, moi qui étais un étudiant brillant. Pendant les sessions, au lieu de traiter les sujets d'examen, j'écrivais les prédications sur les feuilles d'examen : « *Repentez-vous, car le royaume des cieux est proche ...* ». A ce stade, j'ai fini par accepter la volonté de Dieu mais cette obéissance m'a fait traverser des moments difficiles. J'ai vécu le rejet même dans ma propre famille. Pour mon père j'avais perdu le bon sens, pour mes frères et sœurs, j'étais un vaut rien. Tellement que je manquai de paix à la maison, j'ai fini par la quitter pour aller louer quoique sans travail, ni revenu.

Certaines choses que Dieu nous demande de faire semblent très folles et certaines fois personne ne nous comprennent. Mais ce que le Seigneur attend de nous, c'est l'obéissance. Généralement Dieu ne passe pas par mille chemins (papa ; maman ; frère ; sœur ; pasteur etc.) pour nous dire Sa volonté dans notre vie, Il s'adresse directement à nous-mêmes, à la personne qu'il a choisie, grand ou petit. Le jeune Samuel était au service de Dieu auprès du sacrificateur d'Eli dans le même temple que ses enfants (prêtres). Mais, Dieu n'est passé ni par Eli ou ses enfants, ni même par ses parents pour s'adresser à Samuel mais à Samuel lui-même (1 Samuel 3 :1-10). Que dire de Noé, d'Abraham, de l'apôtre Paul ; etc. : Dieu s'adresse toujours directement à chacun d'eux, à la personne concernée.

Nous prônons la puissance de Dieu, nous attestons sa souveraineté, nous exaltons sa sagesse infinie et nous vivons chaque jour par sa fidélité mais au fond de nous, nous n'y croyons pas véritablement, notre relation avec Lui n'est que superficielle et notre mode de vie le démontre au quotidien. Nous savons sans ignorer que la foi sans les œuvres est vaine (Jacques 2 :14-26) mais nous pensons que c'est impossible surtout de nos jours, de vivre l'impossible ou, du moins, nous pensons que le fait de vivre dans l'obéissance à l'appel de Dieu est spécialement réservé à une certaine catégorie des personnes et non pas à nous. Pourtant la Parole de Dieu nous enseigne « *que l'Éternel ne fait point acception de personne mais qu'en toute nation celui qui le craint et qui pratique la justice lui est agréable* » (Deutéronome 10 :17 ; Actes 10 :34-35 ; Romains 2 :11).

Ce qui serait plus grave encore, c'est que lorsque nous recevons une directive divine pour accomplir une tâche ou une quelconque mission, ou pour réaliser différentes œuvres. Ainsi, au lieu d'obéir, nous nous préoccupons et perdons du temps en concentrant nos efforts sur des prétextes tels que : Comment Seigneur ? Quand Seigneur ?, Comment le ferais-je Seigneur ? Tu t'es trompé de personne Seigneur; je ne suis pas à la hauteur Seigneur ; moi Seigneur ? Cherche une autre personne Seigneur ; Quand cela s'accomplira-t-il Seigneur ? Je ne vois rien Seigneur ? Qu'as-tu vu en moi Seigneur? Pourquoi ceci, pas cela ? Suis-je capable Seigneur ? Etc. Nous nous focalisons sur nous-mêmes, au lieu de nous concentrer sur Celui qui nous envoie en mission, à savoir : Jésus-Christ notre Seigneur. Rappelons-le, Jésus-Christ a reçu Tout-Pouvoir dans les cieux et sur la terre (Matthieu 28 : 18). Il a le nom qui est au-dessus de tout nom, devant qui tout genou fléchit (Philippiens 2 :9-11) ; C'est Lui le Dieu fidèle qui est à la hauteur de ses engagements et de ses responsabilités. Quant à nous, au lieu de nous joindre à Lui, nous nous centrons sur nous-mêmes, comme si c'est par nos efforts et par nos capacités que nous accomplirons la mission de Dieu. Or, nous ne devons pas oublier que nous ne sommes que des instruments dans la main de Dieu, telle une truelle dans la main d'un maçon ; bien qu'elle soit utile dans la construction, mais sans le maçon, elle ne peut rien faire par elle-même.

C'est donc une grave erreur que nous commettons lorsque nous pensons que nous n'avons pas le profil qui peut amener Dieu de nous choisir pour accomplir une mission donnée. Car Dieu ne se trompe pas et Il n'évolue pas par " essaie" ni par "erreur corrigée".

A cet effet, lorsque le Seigneur Dieu nous appelle à remplir une certaine tâche, une quelconque mission pour sa gloire, ce que nous devons éviter, c'est de nous poser des questions inutiles qui peuvent anéantir notre foi et laisser installer le doute. Nous perdons du temps au point de susciter la colère de Dieu. Paul par exemple, malgré son caractère hostile pour l'évangile et n'ayant pas d'expérience chrétienne, n'a pas posé la question : " Pourquoi moi ? ", Ni une autre parmi celles que nous avons citées en amant, mais il s'est plutôt montrer tout de suite d'accord en répondant à Christ : " *Seigneur, que veux-tu que je fasse ?*" (Actes 9 :6). Paul ignorait les tribulations afférentes à la mission que Christ lui confiait mais il était confiant que cet homme enveloppé d'une lumière éblouissante qu'il n'avait jamais vu, avait une chose si particulière à accomplir à travers lui.

Si donc nous sommes convaincus que l'invitation vient de Dieu, il est donc plus important de demander au Seigneur sans doute de rendre clair et compréhensible notre mission que de se mettre à rechercher les motivations ou les raisons de son choix. Quand Dieu donne une quelconque mission, une quelconque responsabilité ou une quelconque directive, Il donne aussi la providence. C'est-à-dire : les capacités, les moyens, les outils, le temps… tout ce qui est nécessaire pour accomplir à bon escient cette mission ou tâche. Les choix de Dieu ne sont pas un hasard, car Il fait son choix comme bon Lui semble sans aucune pression, ni aucune influence.

Je crois fermement que Dieu est le même l'hier, aujourd'hui et pour l'éternité comme nous l'affirme sa Parole et que sa puissance est aussi agissante aujourd'hui comme dans le passé. Mais s'Il ne trouve pas de bons instruments, Il ne manifestera pas sa puissance dans toute sa totalité. Si la ligne électrique n'est pas bonne, l'on ne peut pas lancer le courant dans toute son intensité et dans toute sa capacité. Une bonne intensité et une bonne tension du courant dépendent en majeure partie de la qualité des fils conducteurs. Le générateur peut être bon mais si les fils conducteurs sont mauvais, on n'aura pas de bon courant. Dieu cherche et veut utiliser puissamment plus que jamais des hommes et des femmes en ce temps de la fin (Ésaïe 6 : 8 ; Ezéchiel 22 :30), pourvu qu'ils soient disponibles pour Dieu et qu'ils soient disposés à suivre les directives de Dieu et à marcher par la foi sur le chemin que Dieu a déjà prévu et tracé pour eux.

Le prophète Ésaïe l'avait bien compris lorsqu'il affirme que lui et ses enfants servent de signes ainsi que de présages en Israël de la part de l'Éternel des armées qui demeure sur la montagne de Sion (Ésaïe 8 :18). Tel est aussi notre rôle, nous les enfants de Dieu. Notre Seigneur Jésus-Christ nous a établis pour que nous servions de signes et de présages pour notre génération et pour ce monde pervers et corrompu (Philippiens 2 :15). Si nous ne faisons pas ce que nous devrions faire dans la marche avec Dieu, personne d'autre ne le fera à notre place et nous ne verrons jamais sa gloire.

C'est notre rôle et notre responsabilité de faire-valoir le nom de Jésus-Christ et sa puissance éternelle dans ce monde où le droit de Dieu est rejeté.

Chapitre 1

Sauvé pour un but

Maintenant, si vous écoutez ma voix, et si vous gardez mon alliance, vous m'appartiendrez entre tous les peuples, car toute la terre est à moi. Exode 19 :5

Notre Dieu est le Dieu de l'alliance. A travers les âges et à la lumière de toutes les alliances qu'Il a établies avec les hommes et les peuples dans les Saintes Écritures, l'on peut voir d'une manière claire et sans l'ombre d'un doute ses principaux caractères. Notamment son amour et sa miséricorde envers ses créatures ainsi que ses promesses de bénédictions et de fidélités. L'apôtre Jean disait :

Celui qui n'aime pas n'a pas connu Dieu, car Dieu est amour. L'amour de Dieu a été manifesté envers nous en ce que Dieu a envoyé son Fils unique dans le monde, afin que nous vivions par lui. Et cet amour consiste, non point en ce que nous avons aimé Dieu, mais en ce qu'il nous a aimés et a envoyé son Fils comme victime expiatoire pour nos péchés. 1 Jean 4 :8-10

Dieu agit envers nous que par amour et par miséricorde car en nous (l'homme adamique) il n'y a rien de bon, rien de juste et rien de pur ni parfait. Le prophète Ésaïe déclare que nous sommes tous comme des impurs, et toute notre justice est comme un vêtement souillé (Ésaïe 64 :6). Il n'y a rien en nous qui peut l'impressionner, car tous ont péché et sont privés de Sa gloire (Romains 3 :23). Toutes ses alliances ont été établies par amour, pour le bien-être des hommes et à leurs profits. Dieu nous aime très fort. Il a transcendé sa propre sainteté pour venir nous chercher dans la tombe du péché, dans la boue de l'iniquité parce qu'il nous aime et son amour envers nous est inconditionnel. A vrai dire, dans sa sainteté, l'Éternel ne peut pas entrer en contact avec le pécheur (Ésaïe 59 : 1-2), car Il ne peut ni voir, ni sentir, ni toucher le pécheur. Mais à cause de son amour que l'on ne peut expliquer, Il a trempé sa main sainte dans cette boue du péché pour nous sauver de la colère à venir (1 Thessaloniciens 1 :10). Il nous a lavés, purifiés et justifiés par le sang de son Fils unique Jésus-Christ de Nazareth parce qu'Il ne veut qu'aucun ne périsse ;

mais que tous les hommes soient sauvés et parviennent à la connaissance de la vérité (1 Timothée 2 :4). Par la foi en son Fils Jésus-Christ, qui est mort pour nos péchés, nous sommes devenus ses enfants adoptifs, ses sacrificateurs, ses serviteurs, ses envoyés et ses champions. Nous faisons partie de son armée et nous sommes ses soldats et ses guerriers dans le bon combat de la foi. Cela est le fruit de son amour envers nous et non de celui de notre mérite ou de notre justice. C'est par grâce que l'on est enfant de Dieu, par amour de Dieu que l'on est serviteur de Dieu (Jean 3 :16).

Lui qui a porté lui-même nos péchés en son corps sur le bois, afin que mort aux péchés nous vivions pour la justice ; lui par les meurtrissures duquel vous avez été guéris. Car vous étiez comme des brebis errantes. Mais maintenant vous êtes retournés vers le pasteur et le gardien de vos âmes.

1 Pierre 2 : 24-25

Car c'est par grâce que vous êtes sauvés, par le moyen de la foi. Et cela ne vient pas de vous, c'est le don de Dieu. Ce n'est point par les œuvres, afin que personne ne se glorifie.

Ephésiens 2 :8-9

Mais Dieu prouve son amour envers nous, en ce que, lorsque nous étions encore des pécheurs, Christ est mort pour nous.

Romains 5 :8

Dieu vous a sauvé et Il vous a ramené à Lui pour un but concis, Il l'a fait pour un objectif clair et précis. Une équipe quelconque, n'achète pas des joueurs parce qu'elle veut dépenser son argent mais parce qu'elle veut atteindre un objectif précis : gagner la compétition et promouvoir la renommée de l'équipe. De même, le Seigneur Jésus-Christ ne vous a pas sauvé pour venir remplir les chaises ou s'assoir sur les vestiaires. Il vous a sauvés pour lui **appartenir et atteindre son objectif** ; pour que vous soyez à Lui et vivez pour Lui. A cet effet, vous n'êtes plus libre de faire tout ce que vous voulez, vous n'êtes plus indépendants mais plutôt dépendants de Christ. En sorte que vous soyez soumis et obéissants à sa volonté et que vous deveniez ainsi ses vrais disciples. L'apôtre Paul écrivant aux Corinthiens, leur disait :

> *Ne savez-vous pas que votre corps est le temple du Saint-Esprit qui est en vous, que vous avez reçu de Dieu, et que vous ne vous appartenez point à vous-mêmes ?* (1 Corinthiens 6 :19).

C'est Dieu qui a désormais tout le droit dans votre vie. Le monde s'est rebellé à l'autorité de Dieu ; il peut tout entendre sauf la soumission à la volonté de Dieu, il fait tout son possible de s'en éloigner. D'ailleurs, pour le monde, la soumission à Dieu et son autorité sont des liens et des chaînes qu'il cherche à briser à tout prix (Psaumes 2 :3). Mais malgré ce refus du monde de se soumettre à Dieu, l'Éternel a un peuple : ses témoins, ses enfants et ses serviteurs qui sont également dans ce monde pour témoigner de Lui. Ces hommes et ces femmes de Dieu font la différence en matière d'obéissance et de soumission à Dieu ; ils manifestent dans leur vie leur identité en tant que citoyens du Royaume de Dieu par les valeurs qu'ils affichent : la pratique de la justice, de la miséricorde et dans la marche avec Dieu, selon ce que Dieu nous instruit par la bouche du prophète Michée.

> *On t'a fait connaitre, ô homme, ce qui est bien ; et ce que l'Éternel demande de toi, ce que tu pratiques la justice, que tu aimes la miséricorde, et que tu marches humblement avec ton Dieu. Michée 6 :8*

En dehors d'appartenance, Dieu vous a sauvé pour que, vous, à votre tour sauviez les autres. A ce point, vous faites profession des témoins combattants du Christ (Actes 1 :8) sur des champs des batailles contre le prince de ce monde des ténèbres. Car il y a une lutte, qui se manifeste tous les jours par un combat spirituel contre les systèmes occultes et des traditions des hommes. Nous luttons contre les dominations et les autorités du mal. Bref, c'est une bataille contre les princes de ce monde de ténèbres et les esprits méchants dans les lieux célestes, tel que nous le décrit la Parole de Dieu (Ephésiens 6.12-13). Et Dieu compte sur vous pour manifester sa victoire sur l'ennemi parce qu'Il a choisi d'agir ainsi, donc à travers vous. L'apôtre Paul affirme clairement que nous sommes ouvriers avec Dieu (1 Corinthiens 3 :9). Face à une telle affirmation, souvent l'on regarde autour de soi en pensant qu'il s'agit des autres, alors que c'est bien vous l'ouvrier que le Seigneur a choisi pour faire son œuvre. Dieu prépare une armée de vaillants et Il veut que vous en fassiez partie, Il compte sur vous comme Il comptait sur Job (Job 1 :8). Ne regardez pas à vous-même ni aux circonstances autour de vous mais ayez plutôt le regard fixé sur Dieu, car c'est bien Lui qui vous appelle. Détournez votre regard de votre incapacité et du manque de moyens mais comptez sur Celui qui vous envoie. Car le Seigneur ne considère pas votre incapacité ; Il est conscient de ce que vous craigniez, mais ce qui lui importe, c'est plutôt ce qu'Il peut faire à travers vous, lorsque vous Lui répondez dans l'obéissance et que vous marchez avec Lui par la foi. Car c'est ce que la Bible nous enseigne, en déclarant que Dieu peut faire, par la puissance qui agit en nous, infiniment au-delà de tout ce que nous demandons ou pensons (Ephésiens 3 :20). Souvenez-vous que notre capacité vient de Dieu lui-même (2 Corinthiens 3 :5).

Choisi par grâce et par amour

Dieu ne t'a pas choisi pour une quelconque mission parce que tu es capable, fort, intelligent, spécial, etc. Non. D'ailleurs, Il ne sait que faire de celui qui se croit capable, fort, intelligent, spécial, etc. En effet, rappelons-nous que la Bible nous enseigne qu'aucun homme pécheur et même sauvé par grâce ne peut servir Dieu par sa propre capacité, ses propres efforts et talents. Nos connaissances qu'elles soient acquises par notre éducation ou par notre marche avec Dieu (connaissances profanes ou spirituelles), ne suffisent pas pour faire de nous ses serviteurs et pour accomplir la mission qu'Il nous insinue, et cela malgré notre expérience, notre détermination et notre engagement. La Bible nous dit que Dieu résiste aux orgueilleux mais Il fait grâce aux humbles nous dit l'apôtre Jacques (Jacques 4 :6).

Un jour le Seigneur Jésus a dit à Pierre qu'il le reniera trois fois avant que le coq ne chante (Luc 22 :32-33), mais Pierre n'a pas cru aux paroles du Maître puisqu'il était probablement très sûr de lui, très sûr de sa bravoure et de sa capacité à faire face à toute épreuve pour son Seigneur. Il croyait que son amour, son enthousiasme, son zèle, sa détermination et sa sincérité pour son Maître auraient été suffisants à affronter tous les dangers pour lui. Pourtant, bien avant les reniements de Pierre, le Seigneur avait essayé d'avertir ses disciples en leur disant « ... *Sans moi vous ne pouvez rien faire* » (Jean 15 :5). Quand Pierre échoua en reniant trois fois son Maître, il s'était réellement rendu compte que sans l'aide du Seigneur il ne pouvait rien faire. Il pleura amèrement, comme signe de son regret et comme pour demander pardon au Seigneur. Il s'était alors rendu compte de son incapacité, et il sollicita l'aide du Seigneur (Luc 22 :62).

Nous pouvons dire que Pierre aimait sincèrement son Maître ; Il était prêt à mourir pour lui, mais face au feu de l'épreuve, la chair a pris le dessus. Pierre a eu peur pour sa vie, parce que l'homme naturel, non régénéré et sans l'Esprit de Dieu en lui, ne peut pas et ne pourra jamais tenir devant un affrontement spirituel quelle que soit sa détermination, son engagement et sa sincérité, etc. C'est pourquoi, en tant que Dieu, le Seigneur Jésus savait d'avance que Pierre l'aimait de tout son cœur mais qu'il n'avait pas encore la force spirituelle de tenir ferme devant l'adversité et d'accomplir ses vœux, alors Il lui a dit d'avance :

> « *Simon, Simon, Satan vous a réclamés, pour vous cribler comme le froment. Mais j'ai prié pour toi, afin que ta foi ne défaille point ; et, quand tu seras converti, affermis tes frères* ». (Luc 22 :31-32).

Dieu ne se trompe jamais dans ses choix. Quand Il choisit un instrument, Il le rend capable. Les hommes peuvent dire de vous le contraire ; ils peuvent vous juger par rapport à votre origine, votre situation sociale, votre incompétence, votre tempérament, votre apparence physique, ou votre niveau d'instruction, etc. Même si ce que l'on dit de vous semble concorder et que vous-même vous vous sentez comme étant un moins que rien ou à vos yeux sans valeur, rappelez-vous que la seule chose qui compte est que si Dieu a mis son choix sur vous, les autres choses ne comptent plus. Parce qu'Il viendra Lui-même faire le travail en vous et vous rendre à la hauteur de la tâche.

Je me souviens le jour où en rentrant du travail, fatigué, je m'allonge au salon pour me reposer, du coup, je reçois une vision du Seigneur qui me dit : *Legrand, J'ai un travail pour toi : laisse le travail que tu fais en ce moment et va encadrer les catéchumènes à l'annexe de Diata, ils n'ont personne pour les encadrer. Va les encadrer maintenant pendant que je prépare celui qui va te remplacer. Tu es mon propre fils.* Cette promotion des catéchumènes était un peu spéciale dans ce sens qu'il fallait les former chaque jour pendant deux mois avant leur baptême. Ils étaient nombreux. Le problème est que j'avais passé un long moment sans emploi et je venais à peine de trouver ce travail qui me permettait de gagner de l'argent mais je savais aussi que je devais obéir au Seigneur. Je suis allé voir mes responsables et je leur ai présenté ma décision car j'avais un rythme de travail complexe qui ne pouvait pas me permettre de faire les deux activités à la fois. Au début mes chefs ont refusé ma démission et m'ont proposé une promotion car j'étais un bon agent mais j'ai décliné l'offre, je leur ai dit que le

Seigneur avait besoin de moi. À l'annexe, il y avait vraiment un grand travail à tel point que les responsables avaient scindé les catéchumènes en trois groupes selon le niveau scolaire : les universitaires ; les lycéens et les collégiens. A moi, ils m'avaient donné uniquement les collégiens à encadrer tandis que les autres encadreurs faisaient de rotation entre les universitaires et les lycéens. Je leur ai demandé pourquoi est-ce que je ne fais pas de rotation comme eux ? Ils m'ont répondu : Ton niveau de langue en français n'est pas assez bien, pas élevé pour encadrer les intellectuels, les universitaires et les lycéens. Cette réponse m'avait beaucoup touché et attristé. Puis je fais recours au Seigneur dans la prière, je lui ai dit : Seigneur, tu m'as fait démissionner du travail pour que je vienne encadrer ces catéchumènes mais voilà qu'on me dit que mon niveau de langue en français est faible. Seigneur, c'est toi qui rends capable, ne peux-tu pas me rendre à la hauteur ? Cette prière suffisait pour qu'au bout de quelques jours j'ai un niveau de français soutenu à tel point que l'on venait encore me dire de le diminuer car c'était trop fort. Surtout après la prédication, les mamans et certains papas venaient me dire : « Fils tu as bien prêché mais le français était trop élevé, essaie de le diminuer un peu s'il te plaît ».

Le Seigneur m'avait rendu à la hauteur de la tâche. Dieu a toujours les solutions à tous nos problèmes, quelles que soient leur nature et leur forme. Lorsque Moïse a voulu refuser la mission parce qu'il ne savait pas parler, Dieu lui a donné Aaron mais, Il l'a maintenue là où Il voulait le voir (Exode 4.10-16). Si Dieu te confie une mission, ne t'inquiète pas. Dis-lui simplement ce qui te manque et s'Il te dit : ma grâce te suffit (2Co 12.9), va avec cette force que tu as (Juges 6.14) ; sache que quel que soit ton manquement, tu seras à la hauteur.

Le Seigneur ne voit pas nos incompétences et nos défauts car son amour couvre nos fautes, nos erreurs et nos imperfections. Jacob était un homme rusé, celui qui supplante les autres, un trompeur et un égocentrique. Dès le ventre de sa mère il faisait la guère à son frère Esaü et cela n'était que le prélude, car il voulait à tout prix être premier, l'aîné, avoir la suprématie et dominer sur son frère. Il était prêt à faire n'importe quoi pour atteindre ses objectifs jusqu'à écraser les autres. Au lieu de compter sur Dieu qui donne à tous ceux qui lui demandent, il voulait réussir par ses propres stratégies : la ruse et la tromperie ; cela contre son propre frère qui n'avait jamais demandé d'être l'aine et qui ne lui voulait aucun mal. A force de continuer dans cette allure, Jacob va finir par usurper le droit d'aînesse de son frère jusqu'à lui usurper également sa bénédiction. Après cela il verra des problèmes surgir dans sa famille à cause de lui et sa relation avec les autres se détériorer. Malgré qu'il ait un mauvais caractère, qu'il était homme d'intérêt, un calculateur, un profiteur de faiblesses des autres… Mais Dieu l'a choisi comme le troisième canal dans son plan qui consistait à créer une nation par les descendants d'Abraham. L'apôtre Paul écrivant aux Romains, disait :

> *Que dirons-nous donc ? Y a-t-il en Dieu de l'injustice ? Loin de là ! Car il dit à Moïse : Je ferai miséricorde à qui je fais miséricorde et j'aurai compassion de qui j'ai compassion. Ainsi donc, cela ne dépend ni de celui qui veut, ni de celui qui court, mais de Dieu qui fait miséricorde.*
>
> Romains 9 :14-16

Ésaü fut un habile chasseur, un homme des champs, fort, travailleur et débrouillard tandis que Jacob fut un homme qui restait sous les tentes, un paresseux, un homme qui n'aimait pas prendre le risque de s'éloigner de la maison (Genèse 25 :27). Or, le choix de Dieu ne dépend pas de ce que nous sommes, ni de notre condition de vie, moins encore de ce que nous faisons mais plutôt de son amour et de sa grâce envers nous. Il est spécialiste de cas désespérés, des hommes difficiles et incapables. Dieu est le Maître des situations difficiles et impossibles. Il sait prendre des faibles, des malheureux et des incapables pour faire d'eux ses champions. Il nous connait plus que nous pensons qu'Il nous connait. Il sait réellement qui nous sommes et il sait de quoi nous sommes formés, il se souvient que nous sommes poussière (Psaumes 103 :14). Il sait prendre quelqu'un à zéro pour l'élever au rang des grands. La Bible déclare dans Psaumes 113 :7 : « *De la poussière il retire le pauvre, du fumier il relève l'indigent* ». Si l'œuvre de Dieu était comme celle des hommes ou comme une entreprise humaine où la compétence, l'expérience, l'intelligence et le savoir-faire sont exigés d'avance, Jacob ne serait jamais choisi, Pierre non plus ainsi que tous les autres apôtres. En réalité, en commençant depuis l'Ancien Testament jusqu'à nos jours, personne ne pouvait être à la hauteur, personne n'allait être choisi ou recruté par Dieu. Heureusement que Dieu n'est pas un homme et n'agit pas comme les hommes. Ses critères de choix sont totalement différents des nôtres.

En effet, dès le début du Nouveau Testament (Matthieu 1), la généalogie de Jésus est composée de cinq noms de femmes : Thamar (Genèse 38 : 3 ; Matthieu 1 :3) ; Rahab la prostituée (Josué 2 : 5 ; Matthieu 1 : 5) ; Ruth la moabite (Ruth v.6 ; Matthieu 1 : 5) ; la femme d'Urie Bath-Scheba (2 Samuel 11 :6 ; Matthieu 1 : 6) et Marie (Matthieu 1 :16). Chose étonnante qui manifeste d'ailleurs la bonté et la grâce de Dieu est que trois de ces femmes étaient adultères et deux d'entre-elles étaient étrangères. C'est pour ainsi dire que choisie qui Il veut, quand Il veut selon le conseil de sa volonté. Qui aurait pu imaginer que des adultères et des étrangères pouvaient faire partis de la lignée du Sauveur du monde. C'est pourquoi nous devrions apprendre à nous taire devant la destinée des hommes ; seul Dieu peut véritable apporté un jugement concluant.

La notion de mérite est exclue dans la pensée de Dieu. Le brigand à la croix n'a pas marché avec Jésus, ni souffert pour Lui ou du moins manger avec Lui mais il est le premier à voir le paradis (Luc 23 :43) tandis que ceux qui ont marché avec le Christ, souffert à cause de son Nom attendent sa deuxième venue. Frère, quel que soit l'état de votre vie, le péché avec lequel vous lutté encore, sachez que si Dieu le veut, Il peut se servir de vous aussi puissamment que vous ne le pensez puisqu'il a la possibilité de rendre saint et parfait par le sang de son Fils Jésus. Faite comme Rahab, croyez en Lui.

Dieu est compatissant et miséricordieux

La compassion du Seigneur est si grande et si profonde au-delà même de celle d'une mère envers son enfant. De son étymologie : *Haroum* en hébreu, la compassion est un substantif qui indique un caractère, une personnalité, un attribut ou une attitude. Il est de la même racine que « *sein maternel* » (*Hérèm*, en hébreu), ce qui revient à dire que la compassion fait appel à un lien de sang ; elle est décrite comme un amour véritable et un sentiment physiologique entre une mère et son enfant. La compassion se manifeste comme un profond amour inconditionnel, un fort attachement et une considération sans pareille. C'est cet amour de Dieu qui est semblable à celui d'une mère à son enfant et même plus, car si une mère peut oublier son enfant, Dieu lui ne l'oublierai jamais (Ésaïe 49 :15). Le Seigneur Jésus a dit aux pharisiens :

> *Allez et apprenez ce que signifie : je prends plaisir à la miséricorde, et non aux sacrifices. Car je ne suis pas venu appeler des justes, mais des pécheurs* (Matthieu 9 :13).

La venue du Seigneur Jésus-Christ sur terre, ses actions, ses enseignements, sa mort sur la croix et sa résurrection prouvent largement et à suffisance le caractère compatissant de Dieu et son amour inconditionnel pour nous. Il est le Dieu juste qui donne sa vie en rançon pour les injustes, les perdus, les pécheurs et des meurtriers : Tout cela n'est-il pas de la compassion, de l'amour profond et vrai ainsi que de la véritable miséricorde manifestée envers nous.

Dieu est merveilleusement miséricordieux, aime et pardonne sans demander quelque chose en retour. Il est si bon, parfait, patient et si compatissant au-delà de toute imagination humaine. Lorsque Moïse taillant les deux tables de pierre comme les premières et monta sur la montagne de Sinaï, selon l'ordre de l'Éternel ; Il se dévoila à Moïse en ces termes :

> *Et passa devant lui, et s'écria : L'Eternel, l'Eternel, Dieu miséricordieux et compatissant, lent à la colère, riche en bonté et en fidélité, qui conserve son amour jusqu'à mille générations, qui pardonne l'iniquité, la rébellion et le péché, mais qui ne tient point le coupable pour innocent, et qui punit l'iniquité des pères sur les enfants et sur les enfants des enfants jusqu'à la troisième et à la quatrième génération.* (Ex 34.6-7).

L'Éternel décrit à Moïse qui Il est et comment il agit envers les hommes et surtout la manière avec laquelle Il se comportera vis-à-vis d'Israël, le peuple d'alliance. Jésus t'aime, Il t'aime vraiment et ne te juge pas. La bonté de Dieu, son amour pour nous, ses choix et sa patience sont une bénédiction pour nous. Il ne se lasse pas de pardonner, Ses pensées sont infiniment différentes de celles des nôtres, de même que ses voies ne sont pas les nôtres (Ésaïe 55 :8). Le choix de Dieu n'est pas en rapport avec nous mais avec en rapport avec Lui-même d'abord : avec son amour et sa miséricorde ainsi que sa propre gloire. Son choix n'est influencé par rien d'autres que par sa gloire, sa miséricorde et son amour. Il ne nous choisis pas parce que nous sommes quelque chose (capables, obéissants ou exceptionnel…) mais parce qu'Il nous aime et qu'Il veut accomplir quelque chose à travers nous. L'instrument ainsi choisi a simplement trouvé grâce aux yeux de Dieu. Le Seigneur a dit d'Israël dans Ésaïe 48 : 8-11 :

> *… Car je savais que tu serais infidèle ; et que dès ta naissance tu fus appelé rebelle. A cause de mon nom, je suspends ma colère ; à cause de ma gloire, je me contiens envers toi, pour ne pas t'exterminer. Je te mis au creuset, mais non pour te retirer de l'argent ; je t'ai éprouvé dans la fournaise de l'adversité. C'est pour l'amour de moi, pour*

l'amour de moi, que je veux agir ; car comment mon nom serait-il profané ? Je ne donnerai pas ma gloire à un autre.

Il n'y a pas deux dieux mais un Seul, unique et immuable : L'Éternel des armées, le Dieu Tout-Puissant, Créateur du ciel et de la terre. Qui choisit et envoie par rapport à son conseil propre. Les entreprises humaines cherchent et emploient des capables mais Dieu cherche et emploie des incapables ; les hommes cherchent des gens bien formés mais Dieu cherche des déformés pour les former à la tâche qu'Il leur a confié ; les hommes cherchent des sachants et ceux qui ont de l'expérience en la matière mais Dieu cherche des gens ayant manqué d'expériences mais qui veulent apprendre auprès de Lui ; les hommes cherchent des forts mais Dieu cherche des faibles qui ne peuvent compter que sur Sa force ; les hommes cherchent des héros mais Dieu cherche des humbles, soumis et obéissants à Sa volonté. La logique de Dieu est folie aux yeux des hommes et ses critères de choix sont radicalement opposés à ceux des hommes. L'apôtre Paul écrivant à l'Eglise de Corinthe, leur disait dans 1 Corinthiens 1 :25-29 :

Car la folie de Dieu est plus sage que les hommes, et la faiblesse de Dieu est plus forte que les hommes. Considérez, frères, que parmi vous qui avez été appelés, il n'y a ni beaucoup de sages selon la chair, ni beaucoup de puissants, ni beaucoup de nobles. Mais Dieu a choisi les choses folles du monde pour confondre les sages ; Dieu a choisi les choses faibles du monde pour confondre les fortes ; et Dieu a choisi les choses viles du monde et celles qu'on méprise, celles qui ne sont point, pour réduire à néant celles qui sont, afin que nulle chair ne se glorifie devant Dieu.

Ô que j'aime la folie de Dieu. Les voies de Dieu sont insensées à la raison humaine et à toute forme des pensées rationnellement radicales. Si Dieu vous a choisis et vous a confié une mission, ce n'est pas parce que vous pouvez le faire mais parce qu'Il veut le faire au travers de vous. C'est un simple choix d'amour mais les résultats qui en découlent après l'obéissance sont extraordinaires : un miracle. Et quand Dieu choisit, Il ne fait pas d'erreur et quand Il confie une mission, Il n'échoue jamais. J'aime l'expression l'erreur est humaine mais pas divine. Les situations et les saisons peuvent être décevantes mais ce ne sont pas des choses qui peuvent arrêter ou empêcher la volonté de Dieu de s'accomplir. Dieu est souverain, Il est élevé au-dessus de toutes autorités qui peuvent exister. Rien ne le résiste. Il change les temps et des circonstances, Il renverse et établit les rois, Il donne la sagesse aux sages et de la science à ceux qui ont de l'intelligence (Daniel 2 :21). Il aplanit les chemins montueux, Il rompt les portes d'airain et brise les verrous de fer (Ésaïe 45 :2). Lors de la bataille d'Israël contre les Philistins, le Seigneur n'a pas utilisé un grand homme pour vaincre le grand et géant Goliath, ni même homme de guerre mais un jeune de rien du tout, David (1S 17). Cependant derrière ce petit jeune homme, il y avait Le grand des grands, l'Éternel des armées. Dieu aime ridiculiser ceux qui se croient forts par ceux qui se croient faibles, afin qu'au finish, tous reconnaissent que seul Dieu est plus fort.

Le Dieu d'alliance

Dieu honore son alliance et son engagement quel que soit le temps, les circonstances et l'espace. Son alliance est éternelle et a une portée significative, celle de nous assurer que Dieu tiendra parole. L'alliance est comme un gage pour nous, une assurance que Dieu s'est réellement engagé à notre égard. C'est notre sécurité. Après que Dieu eut établi son alliance avec Noé et avec sa postérité après lui, Dieu a dit à Noé dans Genèse 9 :13-17 :

> *J'ai placé mon arc dans la nue, et il servira de signe d'alliance entre moi et la terre. Quand j'aurai ressemblé des nuages au-dessus de la terre, l'arc paraîtra dans la nue ; et je me souviendrai de mon alliance entre moi et vous, et tous les êtres vivants, de toute chair, et les eaux ne deviendront plus un déluge pour détruire toute chair. L'arc sera dans la nue ; et je le regarderai, pour me souvenir de l'alliance perpétuelle entre Dieu et tous êtres vivants, de toute chair qui est sur la terre. Et Dieu dit à Noé : Tel est le signe de l'alliance que j'établis entre moi et toute chair qui est sur la terre.*

Jusqu'à nos jours, Dieu a tenu promesse. Quand les nuages se rassemblent, l'arc sort dans le ciel et Dieu se souvint de son engagement envers la terre et de l'alliance faite avec Noé ainsi que tous les êtres vivants de ne plus jamais détruire les hommes par le déluge. Dieu tient toujours parole. Nous en avons plusieurs exemples similaires à travers les Saintes-Écritures, notamment avec Abraham, Isaac, Jacob, Joseph, Israël etc. où Dieu reste fidèle à l'alliance conclue et qu'Il honore ses engagements. Il va toujours jusqu'au bout et ne laisse aucune de ses œuvres inachevée. Malgré les menaces d'Abimélec et de plusieurs difficultés rencontrées, l'Éternel rassure Isaac de ne pas craindre, parce qu'Il est avec lui, qu'Il lui bénira et multipliera sa postérité. Pourquoi ? Il ajoute : **à cause** d'Abraham mon serviteur (Genèse 26 :24). A cause de l'alliance. Et à votre égard, Dieu tiendra également promesse. Pourquoi ? **A cause** de Jésus-Christ (Romains 8 :32).

Jésus-Christ le Fils du Dieu vivant est mort pour nous et nous a justifiés devant son Père par son sang. Il est le médiateur d'une alliance plus excellente, qui a été établie sur de meilleures promesses (Hébreux 8 :6). Cette alliance est infaillible et avait été annoncée plusieurs années en avant par les prophètes (Genèse 3 :15 ; Ésaïe 7 :14 ; 53, Michée 5 :1, Jérémie 31 :15, etc.). Dieu a tenu promesse et nous a sauvés par la mort de son Fils unique qui a pris notre condamnation pour que nous devenions enfants de Dieu, justifiés et sauvés par grâce. En Jésus-Christ, nous sommes pour ainsi dire en alliance éternelle avec Dieu, nous sommes à jamais ses enfants et nous avons la vie éternelle et héritiers des promesses de Dieu. Pour rien au monde Dieu ne peut nous laisser tomber parce que nous Lui appartenons. Chaque mission de Dieu est scellée par le sang de l'alliance de Jésus à la croix (Luc 22 :19-20), par son amour et sa miséricorde.

Souviens-toi que tu es dans une relation d'alliance avec Dieu et qu'à cause de cette alliance, Dieu ne peut jamais t'abandonner ni te délaisser (Deutéronome 31 :6 ; 31 : 8 ; Josué 1 :5 ; 1 Chroniques 28 :20). Dieu ne trahit jamais son alliance ni Sa parole donnée, quel que soit les temps ou les circonstances. Si pour les hommes un contrat peut être résilié, mais pour Dieu l'alliance est éternelle. Crois seulement, avance par foi ; tu verras la gloire de Dieu.

Chapitre 2

Ton devoir, c'est d'avancer jusqu'au bout

Ta responsabilité n'est pas de faire de miracles, ni d'accomplir l'impossible ou l'extraordinaire, car tout cela revient à Dieu, et à Lui seul. Mais ce qui te concerne, il s'agit de croire Dieu et d'avancer bon gré ou mal gré. Le Seigneur est à la hauteur de ses engagements et de ses défis. Là où ça ne demande pas l'intervention de l'homme, Dieu n'emploierai jamais un homme. Pour créer le monde, par exemple, Dieu n'avait pas besoin d'un homme à ses côtés, Il a travaillé seul. Mais lorsqu'Il a voulu cultiver et garder le jardin d'Éden, Il créa l'homme. De même, lorsqu'Il veut éclater sa gloire et confondre le système du mal, où l'ennemi Satan, ses démons et les hommes rebelles qui se croient forts et puissants, alors Dieu emploie et utilise les êtres de la même catégorie que ces puissants, c.-à-d., des simples créatures. Comme Satan et ses démons ainsi que les païens sont des créatures de Dieu mais rebelles, pour les confondre et réduire à néant leur puissance, leur capacité, et leur autorité, Dieu utilise des créatures faibles mais obéissantes, des êtres qui sont soumis à Lui et qui Lui font totalement confiance.

Israël se trouvait dans une mauvaise posture, dans une situation honteuse, désolante et malheureuse, celle de voir à tout moment les produits de ses efforts emportés par Madian. Madian, Amalek et les fils de l'Orient marchaient contre le peuple de Dieu, détruisaient leurs productions et ne laissaient en Israël ni brebis, ni bœufs, ni ânes. Ils aspiraient la crainte et semaient la terreur ; car ils étaient innombrables et montaient comme une multitude des sauterelles. Personne ne pouvait les arrêter.

Pour délivrer son peuple, L'Éternel n'est pas allé chercher une armée qui serait proportionnellement puissante militairement parlant aux ennemis d'Israël mais Il allait appeler un simple homme ; faible, incapable et même le dernier sa lignée : Gédéon (Juges 6 : 1-15). Mais le secret de la victoire se trouvait au verset 14 où il est écrit :

> *L'Éternel se tourna vers lui, et dit : Va avec cette force que tu as, et délivre Israël de la main de Madian ;* ***n'est-ce pas moi qui t'envoie*** ?

Cette courte phrase voulait tout dire, car elle montre l'engagement de Dieu au combat ; elle garantit en avance la victoire ; c'est comme si Dieu est en train de s'adresser à Gédéon lui disant : « Gédéon bien sûr que tu es incapable de combattre une telle multitude, mais sache que tu as trouvé grâce à mes yeux pour délivrer mon peuple et en réalité, c'est Moi qui agira en toi et combattrai ces armées ». Mais comme Gédéon ne comprenait pas le langage de Dieu, l'Éternel lui a dit clairement au verset 16 : *Mais je serai avec toi, et tu battras Madian comme un seul homme.* L'unique chose qui restait à Gédéon de faire était soit de croire Dieu et d'agir ou de ne pas croire et rester dans sa position initiale. Dieu aime faire bouger non seulement les choses mais aussi les hommes. Nous sommes toujours confrontés à ce dilemme : croire ou ne pas croire Dieu, agir ou ne pas agir.

Et très souvent, le miracle ne commence pas le premier jour de l'appel ou lors du premier pas de l'obéissance mais il se réalise par la preuve de notre foi, c'est-à-dire la persévérance. Car on peut obéir sans croire mais on ne peut pas croire sans obéir et persévérer. Certaines fois, le fruit de la persévérance intervient au milieu du chemin ou vers la fin, mais dans tous les cas, Dieu tient sa promesse. La Bible ne déclare-t-elle pas que *« mon juste vivra par la foi »* ? (Romain 1 :16). Il est question de sa capacité à faire confiance en Dieu, à accepter sa volonté et à s'y conformer. L'Éternel a demandé au prophète Élie, après avoir dit à Achab qu'il n'y aura pas de rosée ni de pluie ces années-ci, sinon à sa parole, d'aller se cacher au torrent de Kerith, qui est en face du Jourdain ; Il lui a dit que, dans ce temps de sécheresse, il boira l'eau du torrent et que les corbeaux viendraient le nourrir là. Le prophète partit et fit exactement selon la parole de l'Éternel. Effectivement, les corbeaux lui apportaient du pain et de la viande le matin et le soir (1 Rois 17 :1-6). A supposer que le prophète Elie n'a pas osé obéir à la parole de Dieu ou qu'il a préféré aller à un endroit de son choix, il allait offenser Dieu et mourir de faim, car les corbeaux avaient reçu l'indication du torrent de Kerith et non pas d'un autre lieu. L'Éternel lui dit : Je te nourrirai là. Avant même que l'Éternel s'adresse au prophète Élie, Il avait déjà donné l'ordre aux corbeaux. Il ne restait que la présence du prophète dans le torrent de Kerith pour que les corbeaux commencent le transport des vivres. Ces choses étaient d'abord cachées, invisibles et spirituelles ; elles existaient déjà pour le prophète Élie virtuellement. C'est comme si l'on a viré l'argent dans ton compte mais pour le prendre tu dois te rendre toi-même dans ta banque. Tant que le prophète Élie n'était pas allé à l'endroit que Dieu lui avait indiqué, il n'aurait pas eu de nourriture. Il ne se serait produit des choses extraordinaires, ni des miracles, rien de ce qui était impossible, devenir possible, ne serait arrivé non plus, puisque les miracles de Dieu sont liés en la confiance à Sa parole et à l'obéissance à l'ordre donné. Élie est parti par la foi (ce qui traduit sa confiance à Dieu) et Dieu a répondu par le miracle. Bon nombre de gens ne voient pas l'accomplissement de la promesse de Dieu dans leur vie, parce qu'ils n'obéissent pas à la Parole de Dieu. Au lieu d'aller là où le Seigneur les envoie, certains préfèrent aller ailleurs selon leur désir. D'autres ne font que copier ce que les autres font, alors que ce n'est pas ce que le Seigneur veut pour eux. Au finish, ils ne voient pas la promesse de Dieu s'accomplir dans leur vie, non parce que Dieu ne veut pas, mais parce qu'on n'a pas eu assez de foi pour obéir.

Il te faut faire le pas de foi et avancer si tu veux voir la puissance de Dieu s'éclater dans ta vie. Ta foi et ton obéissance à Dieu sont le détonateur de l'éclatement de Sa puissance dans ta vie. Dieu honore la foi, la confiance en Lui et la persévérance, car il est écrit que tous ceux qui se confient en Lui se réjouiront, ils auront de l'allégresse à toujours, et Il le protégera, Il sera un sujet de joie pour ceux qui aiment son nom (Psaumes 5 :12). Ceux qui se confient en l'Éternel ne sont point confus (Psaumes 22 :6).

Isaac n'avait pas baissé les bras lorsque les Philistins comblèrent et remplirent de poussière les puits qu'avait creusés son père Abraham et même lorsque les serviteurs de Guérar lui ravirent les puits qu'il avait encore creusés. Il persévéra dans ses recherches et dans ses entreprises, jusqu'à ce qu'il creusât un autre puit dont on ne lui cherchât pas querelle. Remarquez que pendant tout ce temps qu'on le menaçait et ravisait ses puits, lui qui était dans l'alliance de Dieu et qu'il avait ses promesses, Dieu n'a rien fait pour le défendre lorsque les autres lui faisaient des problèmes ; Dieu n'a pas non plus indiqué à Isaac les endroits où il devait creuser. Mais le patriarche devait persévérer par la foi, il ne devait pas se décourager, ni murmurer. Ce n'est que lorsqu'il finit par trouver un puits calme, c'est en ce moment-là que Dieu vient l'exhorter (Genèse 26 :12 :24). Vous aussi, comme Isaac, vous avez besoin de persévérer, d'aller jusqu'au bout même si vous ne voyez rien et ne pas vous décourager. Avoir les promesses de Dieu ne signifie pas que tout ira bien aussitôt et sans difficulté, parfois les choses vont même s'empirer, mais la victoire est toujours au bout. Parfois les eaux s'ouvrent avant même qu'on y est posé les pieds, comme le cas d'Israël devant la Mer des Joncs (Exode 14 :21-22), d'autres fois si on veut traverser, il faut d'abord poser les pieds dans les eaux par la foi, avancer, se mouiller et croire que Dieu ouvrira un chemin puisqu'Il l'a promis, comme Il l'a fait avec Josué (Josué 3 :15). C'est le même Dieu qui utilise des solutions différentes dans différents problèmes, mais l'issue reste la même si nous gardons la foi en Lui et que nous continuons d'avancer.

J'ai expérimenté la réalisation des promesses de Dieu tant de fois dans ma vie. Notamment quand nous préparions notre mariage avec mon épouse. Je voulais à tout prix me conformer à la volonté de Dieu en toutes choses dans ma vie, ma prière et mon souhait était d'être un exemple et un modèle en matière de la crainte de Dieu. Je voulais être une lettre vivante de Dieu dans mon environnement. Nuit et jour j'implorais la grâce du Seigneur à ces sujets afin que je sois en mesure de le servir convenablement. J'avais une fiancée et je voulais l'épouser. Nous avions beaucoup prié ensemble pour notre mariage mais je n'avais ni ressources financières, ni emploi étant donné que j'étais étudiant à la Faculté de Théologie de l'Université Protestante de Brazzaville. En Afrique, comme tout le monde le sait, l'organisation des différentes étapes du mariage demande d'énormes moyens matériels et financiers. Mais comme tout homme normal et prudent le ferait, j'ai résolu de commencer à me préparer petit à petit même si cela devait me prendre plusieurs années et je suis allé ouvrir un compte en banque où j'épargnerai de l'argent pour le mariage. Malgré les difficultés financières, dès que j'ai atteint plus de deux cent mil franc CFA, le Seigneur est venu me voir et m'a dit : Legrand, sais-tu qu'à la paroisse il n'y a plus du ciment pour la poursuite de travaux de la construction du temple ? Prend cet argent que tu as épargné pour ton mariage et va acheter une tonne de ciment et donne-le à l'église pour la poursuite des travaux. Franchement, j'étais malade et j'ai répliqué au Seigneur : tu sais combien nous voulons nous marier, combien nous faisons d'effort pour ne pas tomber dans la fornication, et combien j'ai souffert pour rassembler rien que cette petite somme. Il m'a répondit : Oui ! Je le sais mais fais comme je te dis. Je Lui ai dit d'accord puisque tu insistes, mais convaincs aussi Merveille (ma fiancée) puisqu'elle connait cette affaire. Je suis alors allé expliquer à ma fiancée ce que le Seigneur m'a demandé de faire avec l'argent. A ma grande surprise, elle me dit : C'est le Seigneur qui nous a donné cet argent et s'Il en a besoin, nous ne pouvons que le Lui donner. Je dis waouh, Le Seigneur l'a convaincue. Je fais comme le Seigneur le voulait, je suis allé en banque pour faire le retrait de toute la somme, je suis allé au dépôt de ciments, j'ai acheté une tonne. En ce moment le sac de ciment coûtait très cher. J'ai loué les transporteurs jusqu'à l'Église où j'ai tout remis au pasteur responsable en lui disant : « Que ça reste un secret papa, que mon nom ne soit pas cité à l'Église ». Il m'a répondu « D'accord ! ».

Trois mois après, le Seigneur est venu me voir et me dit : « Legrand il est temps que tu te maries car dès que tu finis ta formation pastorale et théologique, j'aurai une mission pour toi ». Je lui ai dit : « D'accord mais je n'ai rien pour prétendre me marier ». Il me dit : « Demande la liste relative aux objets de la dot » ; ce qui fut fait. Puis quelques temps après, le Seigneur me dit : « fixe la date du mariage, c'est-à-dire, la dot, celui de l'État-civil et la bénédiction nuptiale à l'église, partage en même temps les invitations ». J'ai répondu : « Seigneur je n'ai même pas dix mil franc CFA dans la poche et tu veux que je me lance et que je provoque une situation qui me coûte des millions de francs CFA ». J'ai voulu refuser mais pendant ce temps je sentais une pression extraordinaire dans mon cœur comme me poussant à agir, d'avancer et c'était irrésistible. Quand le Seigneur vous veut pour quelque chose, il mettra également en vous un esprit vous poussant, vous pressant dans sa direction et qui produira en vous le vouloir et le faire (Philippiens 2 :13) indépendamment de votre volonté à tel point que vous dormiez ou que vous soyez éveillé, votre cœur ne sera pas en paix tant que vous ne faites pas ce que Dieu vous demande de faire. J'étais comme bouillant à l'intérieur de moi, comme si une force me conduisait désormais dans une direction que je ne voulais pas à cause de ma peur d'échec et de la honte des hommes. J'avais peur d'échouer puisque je regardais à ma capacité, à mes moyens financiers mais j'avais oublié si vite Celui qui avait donné l'ordre de se lancer : Dieu et qui est-Il ? Le Tout-Puissant. C'est ce qui nous arrive souvent à nous les enfants de Dieu, quand notre Père nous envoie dans une direction qui nous dépasse, nous perdons le pédale, nous nous agitons, nous cherchons à gauche et à droite sous la panique, au lieu de fixer nos yeux sur Lui. Dans Hébreux 11 :27, il est écrit que :

> *C'est par la foi que Moïse quitta l'Égypte, sans être effrayé de la colère du roi ; car il se montra ferme, comme voyant celui qui est invisible.*

La peur n'est pas une mauvaise chose en soi puisqu'elle nous rappelle simplement nos limites, mais grâce au renouvellement de l'intelligence que produit le Saint-Esprit, nous pouvons reconnaitre que Dieu n'a pas des limites et s'Il veut faire quelque chose avec nous, même si cela semble impossible à notre niveau, Lui, Il est capable de le faire. Tout le monde connait la peur, même les plus grands hommes de Dieu ont connu la peur, le Seigneur Jésus-Christ lui-même dans son humanité également a connu la peur (Matthieu 26 :36-46). Le vrai courage n'est pas l'absence de la peur mais la capacité de la surmonter et de la braver, car il s'agit d'aller jusqu'au bout malgré la peur tout en s'appuyant sur Dieu. Le meilleur moyen de surmonter la peur, est de l'affronter en mettant en pratique ce qui nous effraie le plus. Dieu est un appui pour quiconque lui fait confiance et agit selon sa Parole malgré la peur et l'opposition. Les Fils de Koré l'ont chanté dans le Psaumes 46 :

> *Dieu est pour nous un refuge et un appui, un secours qui ne manque jamais dans la détresse. C'est pourquoi nous sommes sans crainte quand la terre est bouleversée, et que les montagnes chancellent au cœur des mers…*

Sur la parole de Dieu, j'ai fixé la date de la dot, du mariage à l'État-civil et de la bénédiction nuptiale à l'Église, bien que je n'aie pratiquement aucun moyen. Je fais faire des invitations que nous avons distribuées. Mais dans ma famille personne ne croyait que j'allais me marier puisqu'ils connaissaient tous ma situation financière, ils me prenaient pour un aventurier, ou encore un malade mentale qui ne se rend pas compte de la réalité. Personne ne voulait me soutenir tant psychologiquement, spirituellement que financièrement. J'étais comme pour ainsi dire seul avec mon projet. Les uns me disaient « pourquoi tu es pressé, tu as encore l'âge » ; les autres me disaient encore « ce mariage n'aura pas lieu puisque tu n'as rien ». La pression venait de partout, les moqueries, les injures ; etc. Et lorsque je rentrai en moi-même, je m'effondrai en larme et d'angoisse. Même certains frères de la cellule de prière m'ont dit : « Legrand sois réaliste le mariage n'aura pas lieu, tu seras couvert de honte, ce genre de chose se prépare plusieurs années en avance ». A tel point, que quand je me retrouvé seul, toutes ces choses me revenaient à l'esprit et me brisaient le cœur puis lorsque je me mettais en prière je disais à Dieu : « Seigneur dans quelle situation tu m'as mis, pourquoi moi, pourquoi cette épreuve ». Or, je savais au fond de moi que je devais avancer. Quelques frères de l'Église, ainsi que le pasteur qui croyaient que Dieu est à la hauteur de ses engagements m'encourageaient et priaient avec moi.

Un mois avant le mariage, j'ai failli céder au découragement ainsi que ma fiancée puisqu'on n'avait toujours pas réuni tout l'argent nécessaire pour réaliser le projet de mariage. C'est alors que le Seigneur est venu me dire : « Legrand, Je suis fidèle et je n'abandonne jamais mes enfants ; souviens-toi de ce que J'ai déjà fait dans ta vie, souviens-toi des situations difficiles et impossibles que je t'ai déjà donné la victoire. Crois seulement et tu verras ma gloire ». Dès lors j'ai commencé à me souvenir des situations dans le passé où le Seigneur m'était déjà venu en aide, notamment le jour où le Seigneur avait fait sortir un grand soleil qui avait séché mon foufou. C'était pendant la saison sèche, j'étais au village et j'avais étalé le foufou (tubercule de manioc fait pour sécher au soleil) mais durant trois jours de suite le soleil ne sortait pas puis mon foufou commençait à se gaspiller. C'est alors que j'ai prié le Seigneur de faire sortir le soleil pour que mon foufou ne se gaspille pas et qu'i sèche. Aussitôt, dès que je finis de prier, un grand et fort soleil est sorti pour sécher mon foufou le même jour.

En dehors de ça, je me souvenais encore du jour où après avoir prié, le Seigneur a ramené mon collègue étudiant-pasteur à la vie. On était dans la même classe en première année de théologie à la faculté. Il revenait de l'hôpital de CHU où il était parti prier pour la cadette de sa mère qui était gravement malade. On était qu'à deux lui et moi dans la maison de notre père spirituel en train de manger, puis subitement il a couru vers moi en criant : « Legrand, Legrand… ». Il a commencé à se déformer, ensuite, il tomba et se soulagea sur ses habits et fit un silence de mort. J'ai voulu sortir appeler les gens afin qu'on l'amène à l'hôpital mais le Seigneur me dit : « Legrand si tu le fais, c'est à la morgue que vous irez, prie seulement ». Je me suis agenouillé et j'ai commencé à prier. C'est à ce jour que j'ai appris que la prière avait des degrés et des dimensions différentes. Je me sentais transporter et changer des dimensions puis j'ai entendu une voix me dire « lis tel psaume et tel autre », après je continuais avec la prière. Au bout de 20 à 25 minutes, ce frère est revenu à la vie et m'a dit : « Legrand, les gens m'emmenait et courait avec moi ». J'ai béni le Seigneur parce que son père était colonel et qu'on était qu'à deux mangeant ensemble, l'on pouvait penser que c'est moi qui aurait été la cause de sa mort alors que c'était les esprits méchants qu'il était parti dérangé à l'hôpital. Par la grâce du Seigneur, je me rappelais de beaucoup des choses que le Seigneur avait accomplies dans ma vie et à travers moi. Cela me fortifiait. Je commençais à avoir de l'assurance et à me dire si Dieu m'a déjà délivré dans le passé, Il peut encore me délivrer présentement dans cette situation. S'Il m'a déjà aidé dans des situations complexes et difficiles, s'Il m'a toujours montré sa fidélité dans le passé, Il me le montrera encore dans cette situation. Et ma façon même de prier changeait complément.

Si Dieu vous a déjà aidé et délivré même dans les moindres choses, sachez qu'Il peut aussi le faire dans les grandes. David a dit à Saül : l'Éternel qui m'a délivré de la griffe du lion et la patte de l'ours, me délivrera aussi de la main de ce Philistin (1 Samuel 17 : 37). Dieu aime ce genre d'attitude parce que cela l'honore, Il se réjouit lorsque ses enfants se comportent ainsi et qu'ils Lui prouvent leur confiance. C'est l'un des signes de maturité spirituelle et de confiance en Dieu. Rien de plus touchant pour le cœur de Dieu qu'un homme qui, se trouvant dans l'épreuve, garde le calme et se souvient de ce que l'Éternel a déjà fait pour lui. Dieu est content et vois que nous avons grandi. Avant sa mort, Moïse a dit à son peuple dans Deutéronome 7 :17-21 :

> *Peut-être diras-tu dans ton cœur : Ces nations sont plus nombreuses que moi ; comment pourrai-je les chasser ? Ne les crains point. Rappelle à ton souvenir ce que l'Éternel, ton Dieu, a fait à Pharaon et à toute l'Égypte, les grandes épreuves que tes yeux ont vues, les miracles et les prodiges, la main forte et le bras étendu, quand l'Éternel, ton Dieu, t'a fait sortir : ainsi fera l'Éternel, ton Dieu, à tous les peuples que tu redoutes. L'Éternel, ton Dieu, enverra même les frelons contre eux, jusqu'à la destruction de ceux qui échapperont et qui se cacheront devant toi. Ne sois point effrayé à cause d'eux ; car l'Éternel, ton Dieu, est au milieu de toi, le Dieu grand et terrible.*

Israël quittait l'Égypte pour aller vers la terre promise, son chef suprême était Dieu lui-même. Mais le billet d'entrée ou le laissez-passer dans la terre promise était la foi qui impliquait la confiance en Dieu et l'obéissance à sa volonté. Tous les Israélites ont quitté l'Égypte mais tous ne sont pas entrés en Canaan. Seuls ceux qui avaient la foi en Dieu sont entrés et les incrédules tombèrent dans le désert (Hébreux 3 :15-19). Le pays de Canaan avait été donné à tous par le créateur du ciel et de la terre ; spirituellement dans les cieux et légalement (cf. Lv 25.23) mais ils devaient combattre par la foi ici-bas pour le conquérir et pour l'avoir. Et, pour avoir le courage nécessaire au combat, l'Éternel leur avait donné un puissant stimulant : **le souvenir**. Et derrière le souvenir, le message était que : **Si Dieu a fait ceci, Il pourra également faire cela**. Le Seigneur honore la reconnaissance et le souvenir. Il en est fier. Et si nous avons réussi aux tests de souvenir, Dieu nous mettra devant les plus grands. Il s'appelle l'Éternel des armées. Dieu est spécialiste de toutes sortes de combat et des défis. Il n'aime pas que devant le combat, nous fassions marche en arrière. Dans Deutéronome 20 : 1-4, il est écrit :

> *Lorsque tu iras à la guerre contre tes ennemis, et que tu verras des chevaux et des chars, et un peuple plus nombreux que toi, tu ne les craindras point ; car l'Éternel, ton Dieu, qui t'a fait monter du pays du d'Égypte, est avec toi. A l'approche du combat, le sacrificateur s'avancera et parlera au peuple. Il leur dira : Écoute, Israël ! Vous allez aujourd'hui livrer bataille à vos ennemis. Que votre cœur ne*

se trouble point ; soyez sans crainte, ne vous effrayez pas, ne vous épouvantez pas devant eux. Car l'Éternel, votre Dieu, marche avec vous, pour combattre vos ennemis, pour vous sauver.

Le chrétien a beaucoup d'ennemis visibles et invisibles, des défis à relever ainsi que des difficultés à surmonter : le célibat, la pauvreté, la maladie, la stérilité, le chômage, la peur, la tentation, l'incrédulité, le diable ; etc. Ils cherchent à nous clouer dans notre situation ou nous immobiliser dans notre état initial, d'autres veulent nous rendre stériles et improductifs, certains encore nous empêchent d'évoluer et nous privent de voir la manifestation de la gloire de Dieu dans nos vies. De loin, ces ennemis se présentent comme des montagnes insurmontables. Mais une fois que nous nous décidons d'avancer et de les affronter par la foi, nous nous rendons-compte qu'ils ne sont en réalité que des marches-pieds à emprunter pour nous permettre d'aller encore plus loin, ou de remonter encore plus haut. Lorsque l'apôtre Pierre a résolu d'affronter sa peur et d'obéir à la voix de son Maître qui lui demandait de Le rejoindre sur les eaux, l'apôtre Pierre a goûté à l'une des choses la plus extraordinaire qui soit pour un être humain, celle de marcher sur les eaux (Matthieu 14 :22-31). Bien que l'événement n'ait pas duré longtemps mais Pierre a vécu une expérience hors du commun et inoubliable. Tous les disciples étaient dans la barque, tous étaient disciples de Jésus et choisis par Lui-même. Le Seigneur avait la même considération pour tous. En plus, ils avaient tous la foi mais tous n'avait pas la même volonté que Pierre d'utiliser leur foi afin de vivre des nouvelles expériences avec le Seigneur. De plus, ils n'avaient pas tous le même enthousiasme spirituel et tous n'ont pas pu braver leur peur et se lancer par la foi comme Pierre. On pourrait trouver pas mal d'excuses pour eux, comme pour dire que l'ordre de venir n'était adressé qu'à Pierre seul. Bien sûr, cela pourrait être le cas, mais cela ne fait pas de Jésus quelqu'un qui favorise l'un de ses disciples au détriment des autres. Penser ainsi serait faire du Seigneur quelqu'un qui fait des distinctions et qui a des préférences parmi ses enfants, alors que sa Parole déclare qu'Il ne fait acception de personne et qu'Il nous aime tous de la même manière. Le fond du problème est que tous n'appliquent pas les enseignements du Maître de la même manière. Les uns sont lents à comprendre, d'autres sont plus rapides à saisir les occasions et ils réussissent. Il y en a encore de ceux qui croient facilement, tandis pour d'autres, la foi croit au fur et à mesure. Les autres disciples de Jésus dans la barque n'étaient pas prêts à exercer leur foi et à prendre le risque. Ils voulaient d'abord se rassurer que celui qui venait vers eux était bel et bien leur Maître. Si le Seigneur s'est adressé qu'à Pierre, parce qu'il était le seul à lui dire : *Seigneur, si c'est toi, ordonne que j'aille vers toi sur les eaux.* Si les autres disciples avaient dit la même chose, le Seigneur leur aurait donné la même réponse parce que c'était bien Lui qui venait vers eux et qu'ils étaient tous ses disciples. Si les uns vivent souvent plus des miracles ou de manifestation des merveilles de Dieu, cela ne signifie pas que Dieu les aime plus que tous ses enfants mais c'est parce que tout simplement ceux-ci sont toujours prêts à mettre leur foi en marche, et sont toujours prêts à prendre le risque. Pierre avait pris un grand risque car si ce n'était pas le Seigneur Jésus, il allait certainement se noyer ou même mourir. Certains chrétiens hésitent et se demandent : « Est-que c'est bien Dieu qui me parle ? » L'unique façon sûre de le savoir, c'est de vous lancer sur les eaux, Si c'est le Seigneur, vous le saurez puisque vous marcherez sur les eaux.

Ceux qui sont restés dans la barque sont toujours les disciples de Christ et ils le seront toujours mais ne vivront jamais et n'expérimenteront jamais les mêmes choses que celui qui en est sortis : la puissance de Dieu. La foi et l'obéissance à Dieu nous permettent de dominer la nature et de faire l'impossible. C'est la clé du succès nous ouvrant l'accès à l'univers merveilleux des choses extraordinaires de Dieu et d'explorer l'impossible. En sus, marcher sur les eaux peut facilement se comprendre pour le Seigneur Jésus mais pas pour Pierre (homme pécheur), c'est pourquoi les autres n'ont pas osé. Mais à cause de sa volonté à croire son Maître et son geste de sortir de la barque et d'aller vers Lui, Pierre a fait la même chose comme son Maître : l'impossible. Tous, nous souhaitons voir la manifestation de la gloire de Dieu et de Sa puissance dans nos vies ; tous les chrétiens veulent vivre ces expériences dans leur vie, mais tous ne sont pas si curieux quant à connaître cette puissance, quant à braver le risque et aller jusqu'au bout. Car la foi a aussi un prix à payer.

Le Seigneur Jésus n'a jamais dit que les signes nous précéderont mais Il a dit qu'ils nous suivront une fois que nous avons décidé d'agir selon l'ordre et la direction donnée par lui-même (Marc 16 :17). Une fois que nous nous lançons par la foi, c'est-à-dire, en lui faisant confiance, c'est à ce moment que le Seigneur travaille avec nous, Il nous accompagne et confirme Sa parole par les miracles (v. 20). Mais ces choses n'arrivent jamais avant l'obéissance, mais pendant et après.

Revenons au témoignage du mariage. Finalement le jour-j approchait et nous sommes entrés dans la semaine où la dot devait se passer, elle était prévu le vendredi dans l'après-midi mais jusqu'à lundi de la dite semaine, je n'avais toujours pas d'argent, pas même un sou. Certains me disaient d'annuler le mariage ou de le reporter à une date ultérieure. Mais j'ai gardé ma position car je croyais que le Seigneur tiendra parole. Je ne voulais pas commettre l'erreur qu'avaient faite les enfants d'Israël en irritant l'Éternel après le rapport des espions. Pourtant, ils étaient arrivés prêt du but mais ils ont perdu confiance en l'Éternel (Nombres 13-14). Je me fondrais en larmes en prière et disait au Seigneur : « Si tu ne fais rien, je ne fuirai pas ; j'irai me présentais le vendredi et je leur dirai que je comptais sur Toi et Tu m'as rien donné ». Le lundi est passé, mardi également mais mercredi matin, je reçois un appel, c'était l'un de mes professeurs de la faculté, après s'être vu, il me donne trois cent mil francs CFA. Après lui c'est quelqu'un d'autre et au plus tard le soir j'avais près de neuf cent mil francs. Le lendemain jeudi j'avais près de deux millions et le vendredi matin toute la somme du mariage coutumier était complète et l'après-midi, la dot a eu lieu. C'était une grande somme qui me prendrait des années d'économie, mais le Seigneur me l'a donnée en trois jours. J'étais stupéfaits, émotionné, à tel point que je pensais que c'était un rêve, je ne croyais pas mes yeux. Certains étaient venu voir comment j'allais être humilié ou couvert de honte mais ils ont été surpris de voir que le Seigneur m'avait tout donné et que la dot se bien passée, ils ne croyaient pas. Le Seigneur les avait largement confondus. C'était un événement historique : « Legrand s'est marié ! Comment ? : Par un miracle ». Les interventions du Seigneur ne se sont pas arrêtées là. Car, le samedi de la semaine suivante, nous avons fait le mariage à l'Etat-civil puis la bénédiction nuptiale à l'Église. Tout le monde en parlait. Certains frères sont venus me demander pardon pour toutes les mauvaises paroles qu'ils avaient prononcées, d'autres par contre ont été encouragés et leur foi avait été comme « activée » et qu'ils voulaient se lancer à leur tour. Du point de vue naturel rien ne prouvait, rien ne garantissait que je puisse me marier mais Dieu l'a fait pour moi. Je ne me suis pas marié mais, Dieu a tout pourvu pour que je me marie. Humainement parlant, les préparatifs de mon côté étaient insignifiants, de même mon apport personnel, mais Dieu a tout préparé pour moi, je n'avais pas épargné mais Dieu a tout épargné pour moi, je n'avais rien mais Dieu avait tout. C'est ainsi que je vois comment Dieu m'a témoigné son amour et sa fidélité. Par moi-même, je n'en étais pas à la hauteur. Par mes propres moyens, je n'en étais pas capable, mais Dieu a fait pour moi par grâce sans rien demander au retour. **Oui ! Dieu est fidèle**, et je peux en témoigner, car j'en ai fait l'expérience. Après la réussite de ce projet de mariage, je ressentais presque la même chose que les captifs de Sion, après que l'Éternel les ait ramenés chez eux.

Quand l'Éternel ramena les captifs de Sion, nous étions comme ceux qui font un rêve. Alors notre bouche était remplie de cris de joie, et notre langue de chants d'allégresse ; alors on disait parmi les nations : L'Éternel a fait pour eux des grandes choses ! L'Éternel a fait pour nous des grandes choses ; nous sommes dans la joie. Éternel, ramène nos captifs, comme des ruisseaux dans le midi ! Ceux qui sèment avec larmes moissonneront avec chants d'allégresse. Celui qui marche en pleurant, quand il porte la semence, revient avec allégresse, quand il porte ses gerbes. Psaumes 126

Le Seigneur avait fait pour moi des grandes choses et j'étais dans une joie immense. C'était un rêve devenu réalité par la puissance de Dieu. Si je n'avais pas l'Éternel j'allais mourir de honte et peut-être quitter le pays. Ceux qui me qualifiaient d'aventurier avaient peut-être raison en fin de compte. Or, la vie chrétienne n'est qu'une aventure, mais c'est une aventure de foi où l'on n'est pas seul, car Dieu a promis d'être à nos côtés.

Si je n'avais pas persévéré dans ma confiance en Dieu, si je n'avais pas cru en Dieu et si je n'étais pas allé jusqu'au bout du projet qu'Il a préparé d'avance pour moi, je n'allais pas voir Sa gloire se répandre dans ma vie, je n'allais pas pour ainsi dire marcher sur les eaux comme Pierre. Si j'avais écouté les hommes qui me disaient que le mariage n'aurait pas lieu au lieu de continuer d'avancer comme Dieu me l'a dit, et si je n'étais pas resté ferme dans la foi en la Parole de Dieu, l'impossible ne serait pas devenu possible. Or, la Parole de Dieu souligne que nous devrions avoir une ferme confiance en Dieu et que nous devrons renouveler notre manière de penser. Nous ne devrions pas nous conformer au siècle présent mais plutôt d'être « transformés par le renouvellement de l'intelligence, afin que nous discernions quelle est la volonté de Dieu, ce qui est bon, agréable et parfait » (Romains 12 :2). De nos jours, il est plus facile de croire aux hommes qu'à Dieu ; l'on croit facilement ce que les hommes disent et nous mettons plus de poids à leurs propos plutôt qu'à la Parole du Créateur du ciel et de la terre. L'on prend à cœur les théories émises par des chercheurs, les scientifiques, les techniciens, les médecins, les astronautes, les politiciens, les romanciers etc. et nous accordons moins de crédit à ce que Dieu a dit. Nous voulons d'abord voir et toucher avant de croire, nous nous focalisons qu'à ce qui est visible, palpable et sensible tandis que la Bible nous dit que ce n'est pas parce que quelque chose n'est pas visible qu'elle n'existe pas. Dieu est Esprit (Jean 4 :24), Il est invisible mais cela ne signifie pas qu'Il n'existe pas. Lorsqu'Il dit qu'Il nous a donné quelque chose, ce n'est pas parce que nous n'avons pas encore la chose entre les mains qu'elle n'existe pas pour autant.

L'apôtre Paul a dit aux Corinthiens : *Nous marchons par la foi et non par la vue* (2 Corinthiens 5 :7). C'est la condition pour marcher avec Dieu et de voir la capacité de sa puissance. On peut naître de nouveau en étant enfant de Dieu et ne pas voir sa puissance s'éclater dans notre vie. C'est une tragédie parce que la grâce de Dieu et Sa puissance sont disponibles pour tout le monde et nous devrions prendre notre part. Si tu es de l'équipe mais assis dans les vestiaires, tu peux suivre le jeu en temps réel et même acclamer les autres mais tu ne pourras pas vivre et ressentir la même chose que ceux qui sont sur le terrain. Or, le Seigneur Jésus veut nous voir sur le terrain de la foi. Nous devrions voir au-delà de la réalité humaine, au-delà des obstacles, au-delà des montagnes, au-delà des barrières. Il veut nous voir nous centrer sur ce que le Seigneur nous a promis : croire que le Seigneur est fidèle et avancer jusqu'au bout. Nous ne devrions pas avoir peur d'essayer moins encore d'échouer, car ce que souvent les hommes appellent échec, est une preuve de foi en Dieu.

Moïse a connu des échecs avant de pouvoir faire sortir les enfants d'Israël de l'Égypte. Ce n'est pas aussitôt ni la même semaine ou le même mois qu'il a pu faire sortir son peuple d'Égypte mais après plusieurs tentatives jusqu'à neuf plaies. Moïse voulait laisser tomber et par moments il s'est découragé, mais l'Éternel lui a dit de continuer et à la dixième plaie, Pharaon a cédé et il a alors laisser partir les enfants d'Israël. Souvent nous aussi, nous nous décourageons si vite et si facilement à tel point que l'ennemi se réjouit de notre manque de persévérance. Ce n'est pas parce que ça ne marche pas aussitôt que Dieu n'est pas avec vous, parfois Il veut voir votre capacité à poursuivre la course ; Il veut voir votre capacité à croire en Lui et à Lui faire confiance. Moïse devrait persévérer parce que c'est l'Éternel qui l'avait envoyé et il en était sûr. Il arrive parfois que Dieu nous lâche comme l'oiseau lâche son petit qui apprend à voler et le rattraper en cas de défaillance. Dans Deutéronome 8 :2-3, il est écrit :

> *Souviens-toi de tout le chemin que l'Éternel, ton Dieu, t'a fait faire pendant ces quarante années dans le désert, afin de t'humilier et t'éprouver, pour savoir quelles étaient les dispositions de ton cœur et si tu garderais ou non ses commandements. Il t'a humilié, il t'a fait souffrir de la faim, et il t'a nourri de la manne, que tu ne connaissais pas et que n'avaient pas connues tes pères, afin de t'apprendre que l'homme ne vit pas de pain*

seulement, mais que l'homme vit de tout ce qui sort de la bouche de l'Éternels.

Certaines circonstances et situations prennent plus de temps non parce que l'Eternel ne veut pas vite agir mais simplement parce qu'Il veut d'abord savoir les dispositions de notre cœur ; le gagner totalement, afin de nous apprendre à marcher avec Lui et de nous corriger. Mais l'objectif du Seigneur ne change pas dans ces circonstances, Il veut toujours nous amener dans une connaissance plus profonde de sa personne et de ses voies, Il veut toujours que nous allions de l'avant dans la perspective de l'obéissance de sa parole.

C'est le rôle de Dieu de s'occuper et de déplacer les barrières, les obstacles, les montagnes… c'est notre rôle d'avancer malgré tout. C'est votre rôle d'aller jusqu'au bout de la mission. Dieu ne vous a pas choisi en vain, Il a confiance en vous et vous a déjà qualifié pour la tâche. Il vous a donné les ressources nécessaires à la mission : **son Esprit Saint**. Le Seigneur ne donne pas la même « quantité » ou la même « mesure » d'Esprit à toute personne et en toute mission. Chaque personne est différente et chaque mission l'est également. Plus grande est la mission et la foi, plus grand sera l'Esprit. On ne donne pas les mêmes frais de mission à deux missionnaires dont l'un va plus loin et mettra plus du temps que l'autre qui ne va ni loin et mettre moins du temps. Cependant, cette « quantité » ou « mesure » d'Esprit de Dieu dépend de la grandeur de la mission qu'on a reçue et de notre foi en Dieu concernant la réalisation cette mission. Plus la mission est grande, plus sera la force du Seigneur en nous. Plus notre foi est grande, plus sera la manifestation de la puissance de Dieu dans notre vie.

Nous sommes tous enfants de Dieu mais nous n'avons pas tous le même degré de foi, ni la même dimension et la même manifestation de puissance du Saint-Esprit selon notre foi. Le Seigneur Jésus-Christ n'a pas fait des merveilles parce qu'Il était Fils de Dieu ou uniquement rempli d'Esprit Saint mais c'est surtout parce que Il était un homme de foi. Il a dit un jour à ses disciples :

> *Si vous aviez de la foi comme un grain de sénevé, vous diriez à cette montagne : Transporte-toi d'ici là, et elle se transporterait ; rien ne vous serait impossible* (Matthieu 17 :20).

Christ avait foi en son Père, Il Lui faisait entièrement confiance en toutes choses ; Il Lui était entièrement soumis. Dieu tient compte de la foi de chaque personne, de Sa soumission à Sa parole, de son obéissance à sa voix et de la mission qu'Il a confiée. L'Esprit de Dieu joue plusieurs rôles mais Il en vise deux principalement. D'abord, à l'intérieur de nous, Il travaille notre caractère tout en emmenant vers la perfection. Ensuite, à l'extérieur, Il balise le chemin de la mission tout en enlevant les obstacles. Par exemple, compte-tenu de sa mission et de sa responsabilité qui consistaient à la sortie, à l'encadrement spirituel de son peuple et à le diriger, Moïse avait besoin d'un cœur et d'une patience surnaturelle pour supporter toutes les caprices de son peuple. Dieu lui donna le cœur le plus patient qui soit sur toute la face de la terre (Nombres 12 :3), car la réussite de sa mission en dépendait. Cela ne fut pas donnait à Aaron, ni à Marie ou à un autre, tout simplement parce qu'ils n'avaient pas le même poids, la même charge, le même fardeau ni la même responsabilité que Moïse (Nombres 11 :11). En outre, à travers son Esprit, Dieu avait donné à Moïse la capacité de porter son peuple, Il lui avait donné l'Esprit proportionnellement à la charge qu'il avait. Et, lorsque Moïse demandé à Dieu de ne plus être seul à porter ce fardeau, Dieu lui a donné soixante-dix hommes des anciens d'Israël pour l'aider à porter la charge du peuple. Seulement, comme Moïse n'était plus seul, Dieu a pris un peu de l'Esprit qui était en Moïse et l'a mis aussi sur les soixante-dix hommes d'anciens d'Israël afin qu'eux aussi soient à la hauteur de porter ce fardeau (Nombres 11 :14-17).

Dieu est plus sage et plus responsable que nous. Il ne peut pas nous donner des charges dont nous ne serions pas en mesure de porter sans pouvoir nous venir en aide. S'Il nous donne un poids à soulever, en réalité c'est Lui-même qui le soulève par sa main invisible et puissante. Moïse n'était pas de taille devant le pharaon mais le pharaon ne l'était pas non plus devant Dieu. Et, comme le pharaon se prenait pour homme-dieu et s'appuyait sur ses idoles, Dieu l'envoya de même un homme qu'Il a fait Dieu devant Pharaon (Exode 7 :1) mais un homme qui s'appuie sur Dieu, afin de confondre la réalité des croyances égyptiennes en matière de divinité suprême.

Il n'y a jamais eu des hommes et des femmes spéciales mais uniquement des hommes et des femmes de foi. C'est la foi, la confiance ferme en Dieu qui fait bouger les choses, qui transforme ce qui est ordinaire en quelque chose d'extraordinaire et qui amène ce qui est abstrait dans le concret. C'est la foi agissante qui fait la différence. L'on peut être rempli du Saint-Esprit de la chevelure jusqu'aux orteils, mais si nous ne mettons pas notre foi en action, si nous n'agissons pas et ou si nous n'allons pas jusqu'au bout dans la direction indiquée par Dieu, nous ne verrons jamais sa gloire s'éclater dans notre vie. Dieu cherche des hommes et des femmes qui restent en place et qui refusent de fuir, car Il en a besoin pour son œuvre. Il a besoin des « champions » de foi à travers lesquels Il peut déverser sa puissance et faire éclater sa gloire ainsi que des hommes et des femmes qui Lui font entièrement confiance en agissant par la foi jusqu'au bout dans les missions qu'Il leur confie, quelle qu'en soit la complexité. Si pour se développer, une nation compte sur sa capacité militaire telle sa puissance de frappe et sa puissance économique, à combien plus forte raison Dieu, pour gagner le monde à Lui, compte sur son peuple sur notre capacité à mettre notre foi en action.

Chapitre 3

Dieu aime le risque

Pour être ce qu'il est devenu, c'est-à-dire, un exemple, un modèle, le père de la foi et d'une multitude des nations, l'ami de Dieu ; etc. il a fallu qu'Abraham prenne le risque d'obéir à l'ordre de Dieu de quitter son pays d'origine Harrân (en Mésopotamie) pour aller dans un pays qu'il ne connaissait pas et que Dieu devait lui montrer par après (Genèse 12 : 1-9). Abraham était un immigrant provenant d'Our-des-Chaldéens (partie méridionale de la Mésopotamie), il est parti pour Haran, une cité au Nord-Ouest de la Mésopotamie, sur l'Euphrate septentrional. En Genèse 12.1-3, nous voyons la mission d'Abraham. Dieu choisit Abraham et ses descendants pour leur accorder sa grâce et sa révélation et leur permettre ainsi d'être une bénédiction pour tous les peuples de la terre. D'où, la période du « particularisme », pendant laquelle Dieu se manifeste surtout à travers l'histoire d'une seule et unique nation d'Israël.

L'expression hébraïque « *Lër-lerâ* » (verbe Qal impératif masculin singulier suivi de la préposition inséparable : *pour, vers, à* ... et du pronom suffixe 2e masculin singulier : ton) traduit en français par : *Va-t'en de, quitte etc.* du verbe hébreu *Hälâr* (partir, marcher), montre et souligne l'ordre impératif et incontestable, le commandement que Dieu donne à Abraham. Abraham devait accepté ou refusé l'ordre de Dieu de renoncer à sa patrie, à sa position sociale honorable dans une société païenne pour partir vers l'inconnu (Hébreu 11.8). Malgré la stérilité de sa femme Sarah, Dieu fait la promesse d'une descendance nombreuse, de la possession du pays et de la bénédiction. Dieu conclu une alliance avec lui (Gn 17).

Bien qu'humainement parlant tous les signaux étaient négatifs (sa femme stérile, aucune expérience de la marche avec Dieu...) Abraham avait le choix soit de prendre le risque d'obéir à la voix de ce Dieu invisible de quitter ce qu'il avait acquis, ce qu'il connaissait pour aller vers un pays imaginaire, abstrait où d'ailleurs il serait un étranger (Hébreux 11 :8-10) soit de refuser. Il avait le choix de prendre le risque d'amener avec lui sa famille pour un monde qui peut-être n'existait pas réellement au cas où la voix qu'il avait entendu ne venait pas de Dieu. Seulement, sans ce risque, sans cette audace et sans cette aventure de foi, premièrement Abraham ne saurait jamais si c'est réellement Dieu qui lui parle car c'est l'accomplissement de la promesse qui devait déterminer la véracité de la parole de Dieu, deuxièmement Abraham ne serait jamais devenu ce que nous connaissons de lui aujourd'hui, car il est devenu le canal par lequel Dieu s'est formé un peuple et c'est à travers ce patriarche que Dieu a préparé la venue du Messie pour le salut de toute l'humanité (Matthieu 1).

Abraham n'avait pas d'autres preuves susceptibles de justifier la véracité des promesses de Dieu à savoir : la possession d'une nouvelle terre ; la descendance nombreuse ; être une bénédiction pour toutes les nations et tous les peuples. Le patriarche n'avait pas d'autres preuves excepté sa foi. Il devait croire en Dieu et obéir à sa voix, donc il devait prendre le risque de quitter son pays, sa patrie, la maison de son père, sa famille, et cela représentait l'unique endroit sur terre où Abraham était en sécurité et qu'il connaissait bien. S'il le quitte, il perd tout voire même son d'identité. C'est là le contraste avec la volonté de Dieu : tout perdre, tout quitter pour tout avoir, tout recevoir. L'Éternel voulait former Abraham à la vraie religion, l'inculquer le monothéisme afin d'avoir une expérience et une relation personnelle mais surtout véritable avec son Dieu afin de l'enseigner un jour à sa descendance (Genèse 18 :17-19). Mais cela devait commencer par un acte de foi : quitter son pays. Abraham n'avait pas de mentor spirituel d'obédience monothéiste, personne autour de lui pouvant lui confirmer que cette voix est belle et bien celle de Dieu. Personne d'expérimenter pouvant lui encourager à agir suivant cette parole de Dieu sinon lui-même. Sinon le témoignage de son cœur et de sa conscience.

Le témoignage du cœur et de la conscience produit de l'assurance, de la conviction puis la conviction en la parole de Dieu engendre la foi, par conséquent la foi pousse à l'action. Tout homme a la marque de Dieu. La Bible dit que Dieu créa l'homme à son image et à sa ressemblance (Genèse 1 :26). En plus, l'homme contrairement aux animaux a de la conscience et de l'intelligence. Même si l'ennemi Satan a usurpé l'autorité de l'homme en le poussant au péché, il n'a pas usurpé la marque de Dieu en l'homme ni sa conscience bien qu'il essaie de l'étouffer. Tout système volé, triqué ou copier portera toujours la marque ou la signature de son concepteur.

Une fois qu'Abraham a entendu la voix de son créateur, quelque chose s'est passé en lui sous forme d'une reconnaissance, d'un éveil ou d'illumination. Sa conscience, son âme, son esprit et son cœur ont commencé à s'exciter, à s'agiter. Son homme intérieur qui était endormi et refroidi se réveille par la pénétration de la parole de Dieu son créateur. Son âme et son esprit se partagèrent comme il est écrit dans Hébreux 4 :12 :

> *Car la parole de Dieu est vivante et efficace, plus tranchante qu'une épée quelconque à deux tranchants, pénétrante jusqu'à partager âme et esprit, jointures et moelles ; elle juge les sentiments et les pensées du cœur. Nulle créature n'est cachée devant lui, mais tout est à nu et à découvert aux yeux de celui à qui nous devons rendre compte.*

Bien que l'homme est pécheur et qu'à cause du péché il est séparé de Dieu mais les liens de la conscience, de l'image et de la ressemblance avec Dieu en l'homme ne sont pas coupés car cela n'est ni charnels mais spirituels et remonte de la création. En entendant cette voix qui pénètre tout son être, Abraham a compris que cette voix est différente de toute puisque le témoignage venait de son cœur, de son intérieur. De même de nos jours, à moins d'endurcir son cœur et de refuser d'obéir à la voix de Dieu ; sinon quand Dieu parle, l'on sait que c'est Lui car le Saint-Esprit nous convainc du péché, de justice et du jugement (Jean 16 : 7-8). Dans Ecclésiaste 3 :11 il est écrit :

> *Il fait toute chose bonne en son temps ; même il a mis dans leur cœur la pensée de l'éternité, bien que l'homme ne puisse pas saisir l'œuvre de Dieu fait, du commencement jusqu'à la fin*

Cette pensée de l'éternité qui est aussi l'emprunte du Dieu créateur dans l'homme qu'il a créé, nous rappelle et nous enseigne qu'il y a quelque chose de plus grand que notre propre existence. Qu'il y a un Dieu créateur et souverain au-delà du temps et de l'espace. Mais très souvent l'homme ferme son cœur, son entendement ; oblitère sa conscience pour ne croire que les sottises, les aberrations mondaines et visibles. Gloire à Dieu pour des hommes comme Abraham qui laissent la parole de Dieu leur pénétrer. Cette voix de Dieu est entrée dans son âme, dans son esprit et dans son cœur comme une semence entre dans la terre. C'est ce qui fait que tous ceux que Dieu a appelé, à confier une mission sont têtus, sont persévérants, sont fermes, déterminés et résolus même dans les difficultés, même dans les épreuves les plus ardues. Ils tiennent ferme et garde la foi parce qu'ils savent que leur mission vient de Dieu. Ils n'abandonnent jamais non parce qu'ils sont spéciales mais tout simplement parce que la parole de Dieu qu'ils ont entendu a germé dans leur âme, pénétrer leur cœur et leur subconscient, puis, cette parole ferme dans le cœur a fait des solides racines comme un arbre qui s'impose et se fixe dans la terre. Même si le vent ou la tempête le voulait, il ne se laissera pas déraciner puisqu'il est attaché et enraciné profondément et solidement dans la terre. La conviction que produit la parole de Dieu rend l'homme plus décisif, plus engagé qu'un buffle blessé. Cette conviction qui engendre la foi pousse inévitablement à l'action, à l'obéissance souvent même indépendamment de notre propre volonté. Ces hommes de Dieu qui ont la conviction dans leurs cœurs tiennent ferme même là où tout le monde pouvait et devait naturellement abandonner. Ils n'abandonnent jamais malgré les larmes aux yeux, malgré que ce soit très dur, ils tiennent bon car la parole de Dieu a saisi leurs cœurs. Ils savent que s'ils se retiraient ils perdent leur signification, leur identité et plus grave encore ils trahiront la confiance de Dieu à leur égard comme l'a dit le psalmiste Asaph dans Psaumes 73 :15 : « *Si je disais : Je veux parler comme eux, voici, je trahirais la race de tes enfants* ». C'est l'une des raisons pour laquelle Dieu veut que chacun de ses enfants ait la conviction personnelle de son appel (Romains 4 :21 ; 14 :5 ; 14 ; 23). La vaillance dans la marche avec Dieu provient en grande majorité de la conviction profonde et inébranlable de son appel dans le cœur. Dieu ne veut pas que nous puissions le suivre par crainte ou tremblement seulement mais plutôt et avant tout par conviction. Si nous n'avons que de la crainte de Dieu et le tremblement, devant l'adversité ou l'épreuve nous risqueront d'abandonner et de fuir la mission. Mais par contre si nous sommes convaincus nous allons prendre le risque d'obéir à sa volonté sans hésitation malgré la peur.

Humainement parlant le risque apparente à la possibilité d'un événement négatif, périlleux voire un hasard dangereux. Certaines volontés de Dieu à notre égard peuvent apparaitre au point de vue humain comme un risque à l'instar d'Abraham qui devait tout quitter ou de Pierre qui devait marcher sur les eaux... Certains hommes de Dieu ont reçu de la part du Seigneur l'ordre de ventre leurs maisons, leurs entreprises… pour ensuite investir cet argent à l'église ou à une œuvre quelconque pour la gloire de Dieu sans savoir comment est-ce qu'ils devaient vivre par la suite avec leurs familles. Ces hommes de Dieu du point de vue des hommes ont mis en périr leurs familles ou l'avenir de leurs descendants. Mais ce que vous devriez savoir est que comme le péché n'est défini que par Dieu ; c'est-à-dire : si Dieu dit tue et que tu ne tues pas, tu connais un péché. De même, le risque change de dimension si l'ordre vient de Dieu. A cet effet, la possibilité d'une issue négative est à proscrire puisque Dieu mène à bien sa volonté à notre égard (Philippiens 1 :6). C'est un Dieu fidèle qui va jusqu'au bout et nous assure la victoire.

Dans la marche avec Dieu, le risque est inévitable. La probabilité des nouvelles aventures de foi ou de nouvelles missions sont si certaines que la levée du soleil. D'ailleurs, la notion d'envoie parait comme la caractéristique des Ecritures. L'Eternel Dieu appel et envoi. La mission de Dieu (*missio Dei*), c'est-à-dire : l'envoi du Fils par le Père, et celui de l'Esprit par le Père et le Fils explique tout. Etymologiquement, ce substantif « mission » vient du latin "*missio*" qui veut dire « *envoi* » du verbe *mittere* qui veut dire « envoyer ». Nous savons que la mission par définition est la charge donnée à quelqu'un d'accomplir une tâche définie. Sa base biblique se trouve dans le verbe hébreu (*shalah*) qui veut dire : (envoyer), qui a 847 occurrences dans l'Ancien Testament, et sa traduction grecque (âpostéllo), apparait 700 fois dans la Septante (LXX) et 131 dans le Nouveau Testament. Concernant l'envoi par Dieu, les mots utilisés pour « envoyer » expriment un mandat particulier, une mission confiée et un ordre donné.

En effet, la Bible est le meilleur traité de missiologie que l'on puisse trouver. La mission est en effet l'un de ses thèmes essentiels. Dans l'Ancien Testament Dieu a choisi le peuple d'Israël pour évangéliser les autres nations de toute la terre. Et dans le Nouveau Testament, Dieu a fait de son seul Fils un missionnaire ! Et, le Fils missionnaire a fait de ses disciples des missionnaires. C'est pourquoi, Jésus lui-même dit : *Comme tu m'as envoyé dans le monde, moi aussi je les ai envoyés dans le monde.* (Jean 17.18). Bien de récits dans l'Ancien Testament mettent en évidence que l'Eternel Dieu, est un Dieu de missions. Un Dieu qui aime confier des charges et des responsabilités aux hommes.

Dans Genèse 6, après que les hommes se sont multipliés sur la surface de la terre, et que les fils de Dieu prirent pour femmes les filles des hommes. Il est dit que l'Eternel vit que la méchanceté des hommes était grande sur la terre, et toutes les pensées de leur cœur se portaient chaque jour uniquement vers le mal (v.6). Et, l'Eternel dit : « *J'exterminerai de la face de la terre l'homme que j'ai créé, depuis l'homme jusqu'au bétail, aux reptiles, et aux oiseaux du ciel ; je me repens de les avoir faits* ». (v.7). Mais Noé trouva grâce aux yeux de l'Eternel. Pour le sauver du déluge, l'Eternel lui confia une mission : *« Fais-toi une arche de bois de résineux »*. En hébreu le terme (*Hâshah*) utilisé ici signifie : Faire, fabriquer, former, créer, produire. Noé travailla comme l'avait ordonné l'Eternel qui par la suite fut une alliance avec lui. Remarquons que ce n'est que lorsque Noé a obéit à la mission que l'Eternel conclue une l'alliance avec lui. Et, grâce à son obéissance, il se sauva lui-même ainsi que toute sa famille. Cela montre que l'Eternel attache et accorde plus d'importance non seulement à la réceptivité ou à l'acceptation, mais aussi et surtout à la mise en pratique et à l'accomplissement de la mission confiée. Si Noé n'avait pas obéit, autrement s'il n'avait pas fait sa part de responsabilité en accomplissant sa mission, Dieu n'allait peut-être pas faire alliance avec lui.

L'Ancien testament nous enseigne de beaucoup sur la mission, il en représente même le socle. Nous pourrions encore citer plusieurs exemples où l'Eternel choisit des hommes et des femmes et les confie des missions à accomplir. A l'instar du livre de Juges, nous voyons des hommes et des femmes auxquels Dieu avait donné autorité pour délivrer et protéger Israël (Othniel (3.3-11) ; Ehud (3.13-30) ; Chamgar (3.31) ; Déborah et Barak (4.1-5.31) ; Gédéon (6.1-8.31) etc. Nous avons aussi les grands et les petits prophètes qui avaient des missions de la part de Dieu. Loin de faire une étude exhaustive, nous avons suffisamment des preuves du fondement de la mission dans l'Ancien Testament. L'Eternel choisissait et envoyait. Ces missionnaires de Dieu devraient seulement montrer du courage pour aller de l'avant et faire preuve de foi en obéissant à la Loi de l'Eternel, la Torah. A l'instar d'Israël lui-même, sa tâche était grande et imposante mais Israël ne devrait pas défaillir mais plutôt apporter le témoignage du Dieu vivant aux autres peuples, les avertirent du danger qu'ils couraient s'ils ne se repentaient pas. Peu importe l'endurcissement des nations environnantes, Israël devrait aller dans la direction tracée par l'Eternel (Voir le code de guerre : Dt 20).

Le monde va mal, l'heure est grave et il y a de plus en plus l'urgence missionnaire des hommes de foi, des guerriers de l'Eternel prêts à aller. C'est le moment ou jamais. C'est à nous d'aller dire au méchant de se repentir de sa mauvaise voie (Ezéchiel 33 :8 et 9). Sinon, son sang nous sera réclamé. A l'heure actuelle, l'occident a vivement besoin de l'Evangile car elle s'est fortement éloigner de Dieu et les jugements de Dieu commencent déjà à tomber lui. L'Afrique doit prendre le relai missionnaire afin d'évangéliser à nouveau l'Europe, l'Amérique et l'Asie sans oublier d'autres peuples.

En faisant la lecture des textes de l'Ancien Testament, il en ressort que son message se fonde sur un idéal ou une espérance selon laquelle qu'il aura un jour où Dieu enverra le Messie pour le salut de son peuple. Toutes ses pages, en effet, ont parlé de Jésus de Nazareth sans jamais Le nommer et en donnant de Lui d'un portrait flou, composé plus ou moins de symboles, d'ombres, de types, de rituels, de sacrifices et de prophéties. Cependant, en ouvrant le Nouveau Testament, nous Le rencontrons en chair et en os, nous rencontrons Son humanité et Sa divinité et nous comprenons qu'Il a accompli toutes les prophéties et tous les symboles contenus dans l'Ancien Testament depuis la Genèse jusqu'au livre de Malachie. Jésus de Nazareth est le point de convergence des deux testaments, l'Ancien et le Nouveau. Tout l'enseignement de l'Ancien Testament converge vers la personne et l'œuvre de Jésus, le nazarien. L'envoyé de Dieu pour le salut de quiconque croit. Il est venu pour accomplir la loi et les prophètes. Il répond aux attentes et aux espérances des fidèles de l'ancien temps et ouvre la porte du ciel à tout homme. Il avait pour rôle sur terre d'être envoyé, (tous ses actes le témoignent) et de faire de ses disciples des missionnaires puisqu'après les avoir formés, Il les envoie tous en mission. Nous avons de Jésus-Christ, quatre portraits brossés respectivement par Matthieu, Marc, Luc et Jean. Chaque Evangile parle de lui de façon unique pour nous donner toutes les facettes du Fils unique de Dieu.

Nous comprenons par-là que la Bible est un traité de mission et le christianisme si elle est une religion, elle est une religion missionnaire. Et, si l'on n'est pas prêt à prendre le risque d'obéir à la voix de Dieu, cela signifie que l'on n'est pas encore prêt à marcher avec Dieu, de Lui être agréable et de Lui faire entièrement confiance. Car le « risque » est comme la volonté de Dieu pour nous. Aux yeux d'Abraham « *quitter son pays* » était un risque mais aux yeux de Dieu « *quitter son pays* » était Sa volonté. La soumission à Dieu a un prix et ce prix, c'est savoir prendre le risque, savoir aller dans la direction que Dieu nous montre sans même tout comprendre à l'avance. Croire c'est risquer et dans la marche avec le Seigneur, nous sommes appelés constamment et certaine fois poussés aux risques. Le Seigneur aime bouger les choses, Il aime nous déplacer, et si nous ne sommes pas prêts à quitter, nous lui désobéissons et si nous désobéissons, nous manquerons la promotion divine. Combien des chrétiens ont raté leur promotion tant spirituelle que dans d'autres domaines, et cela à cause de leur refus de prendre le risque ou leur refus de se lancer dans une nouvelle aventure avec Dieu. Ils pensent qu'ils ont déjà atteint le but et pour cela ils aimeraient s'établir alors que pour le Seigneur, là où nous sommes arrivés ne représente qu'un coin de repos afin de reprendre des forces, car nous sommes appelés à continuer la route. Tant qu'on n'est pas prêt à quitter, tant qu'on n'est pas prêt à tout laisser, tant qu'on n'est pas prêt à abandonner pour suivre la voie que le Seigneur nous indique, nous ne pourrions jamais recevoir des nouvelles choses de sa part. Nous aurions certes quelque chose, mais ce ne seront que de vieilles choses. Si les apôtres refusé la nouvelle mission du Saint-Esprit, celle d'aller annoncer l'Évangile aux gentils sous prétexte que ceci serait un risque vis-à-vis de leurs confrères, les gentils n'auraient pas été sauvés puisque tous les efforts missionnaires seraient uniquement focalisés sur les Juifs.

Or, le Seigneur a des nouveaux horizons à vous faire découvrir, des nouveaux pays pour nous y faire habiter, des nouvelles portes à nous ouvrir et des nouvelles pèches et missions à nous confier, alors, si nous de notre côté, nous ne sommes pas prêts à prendre ce risque, cela veut dire que Dieu n'est pas notre priorité et qu'Il n'est pas aussi notre premier amour. Il a besoin des vaillants soldats, des courageux qui sont prêts à tout pour l'Évangile. Il a besoin des disciples disponibles et disposés à Le suivre partout où Il va sans s'inquiéter de leurs propres vies, ni de leur bien-être mais qui Lui font totalement confiance. Nous sommes à Christ, nous sommes ses ouvriers et ses serviteurs. Nous étions esclaves du péché et du monde mais Christ nous a délivrés pour que nous soyons à Lui afin qu'Il ait désormais tout le droit sur nous. Il a dit que *le disciple n'est pas plus que le maître ; mais tout disciple accompli sera comme son maître* (Luc 6 :40). Le Seigneur a lui-même montré l'exemple en prenant le risque de quitter la gloire ; c'est aussi le risque de se faire chair, le risque d'habiter parmi les hommes pécheur et le risque de mourir à la croix maudite pour notre justification. Son amour pour nous et son obéissance à son Père l'a poussé à prendre des grands risques, c'est pourquoi la Bible déclare que son Père (Dieu) l'a souverainement élevé et Lui a donné le plus grand nom qui soit (Philippiens 2 :5-10). Le Seigneur Jésus-Christ déclare lui-même à ses disciples que :

> *Celui qui aime son père ou sa mère plus que moi n'est pas digne de moi, et celui qui aime son fils ou sa fille plus que moi n'est pas digne de moi ; celui qui ne prend pas sa croix, et ne me suit pas, n'est pas digne de moi. Celui qui conservera sa vie la perdra, et celui qui perdra sa vie à cause de moi la retrouvera.*
>
> Matthieu 10 :37-39

Dieu jauge notre amour envers lui et notre confiance à travers notre disposition à prendre des risques pour lui, à obéir à sa voix. Le Seigneur ne nous exigera rien du tout mais si réellement nous avons confiance en lui et que nous l'aimions (Matthieu 22 :37-39), nous prendrons le risque de faire sa volonté quoi qu'il en soit comme Pierre a fait : il a pris en sortant de la barque et en posant le pied sur les eaux. Le risque est la limite à affranchir pour aller de l'autre côté et l'unique moyen de voir la gloire de Dieu s'éclater sur nous.

L'unique moyen pour Israël d'entrée en terre promisse était de prendre le risque d'aller combattre leurs ennemis, les Anakim : les géants, tout en croyant que Dieu aller leur assurer la victoire (Nombres 13 :28-30). Nombreux attendent l'accomplissement de promesses de Dieu en croissant les bras comme si les ennemis vont fuir d'eux-mêmes, ils ignorent que c'est dans la pression de la bataille qu'ils vont prendre possession du territoire, et cela c'est par le risque d'oser. Même la nourriture sur la table, il faut la prendre et la manger dans le cas contraire, elle ne viendra pas par elle-même entrer dans la bouche même si elle est pour vous.

Dieu aime les courageux, les audacieux qui sont prêts à se lancer dans la mission, dans l'évangélisation, dans la bataille spirituelle de la foi, dans les nouvelles aventures et dans n'importe quelle nouvelle direction dictée par le Seigneur. C'est la raison pour laquelle Caleb et Josué étaient épargnés et ne moururent pas dans le désert comme les autres qui n'avaient pas de foi en Dieu. Ils étaient prêts à prendre le risque et ils allaient combattre les fils d'Anak (les géants), car ils croyaient et comptaient en la capacité de Dieu d'accorder la victoire (Nombres 14 :22-24 ; 38). Le risque dit à Dieu : « *Seigneur puisque je te crois, alors j'agis ; à toi le résultat, bon ou mauvais ; vivre ou mourir.* » Le risque est comme le saut que nous faisons pour franchir un obstacle et aller de l'autre côté. C'est l'élément déclencheur de la puissance de Dieu dans le temps et dans l'espace et le facteur déclencheur des promesses de Dieu dans nos vies. David a dit : *Avec toi je me précipite sur une troupe en armes, avec mon Dieu je franchis une muraille* (Psaumes 18 :30). C'est la foi en action, puisque croire c'est prendre le risque d'agir.

Quand le Seigneur m'a ordonné de commencer l'église ; j'avais très peur et je voyais cela comme un très grand risque. Personnellement, je voulais travailler au sein de mon église plutôt d'aller en implanter une autre. Par obéissance, j'ai relevé le défi et je suis allé solliciter une parcelle vide à moitié habitée. Il y avait beaucoup à faire dans cette parcelle et comme on s'approchait de la saison de pluie, il fallait rassembler des fonds pour bâtir au moins un hangar. Mais comme on n'avait pas d'argent, nous nous sommes décidés de commencer sans le hangar. Nous avons fixé la date du culte d'ouverture un jour de dimanche. Avant ce dimanche de début officiel des cultes ; le samedi dans l'après-midi, à la veille de l'activité, j'ai reçu un appel du propriétaire me disant : « Ça ne serait plus possible d'occuper ma parcelle... ». Cet appel m'avait déstabilisé, car on avait déjà publié les fiches ainsi que les invitations. Nous n'avions pas les coordonnés téléphoniques de tout le monde pour les avertir du changement de programme. Je l'ai supplié de nous laisser passer au moins le culte d'ouverture à cause des invitations. Ce qui fut fait. Après ce culte d'ouverture, on n'avait pas de local et l'on a continué à nous rassembler chez nous. Les critiques venaient presque de partout mais je persévérais dans la prière. Trois mois après, Le Seigneur nous donne un très joli local situé sur l'avenue principale, tout juste sur le goudron. C'était un nouveau bâtiment de deux niveaux qu'on venait de construire. Au dernier niveau, il y avait une très jolie salle moderne. Son propriétaire nous l'avait donné pour que nous y tenions nos activités gratuitement. Lorsque nous lui avons proposé de payer, il m'a dit : « *Pasteur, si vous me payez, cela revient à dire que je reçois déjà ma récompense et que je n'obtiendrai plus rien de Dieu. Cette maison c'est Dieu qui me l'a donnée et si je dois recevoir quelque chose au retour, je préfère que ça vienne du Seigneur. Pasteur, vous resterez ici le temps qu'il faudra jusqu'à ce que vous ayez votre propre local.* » Ces paroles m'avaient rendu malade car je venais de voir la main de Dieu; le Seigneur avait une fois de plus fait un miracle dans ma vie. Si on restait dans cette parcelle vide, on allait souffrir du soleil, de la pluie et chercher des fonds à gauche et à droite pour faire un hangar mais le Seigneur avait un autre plan. Il nous a donné gratuitement un abri déjà bâtit. C'est parce que j'avais pris le risque de me lancer par foi, le risque de croire en Dieu et de lui faire confiance. Pour moi, il s'agit d'avancer malgré le fait que nous n'avions pas les moyens financiers à notre disposition. Le Seigneur Jésus-Christ de Nazareth a une fois de plus montré sa puissance et sa fidélité.

Lorsque vous vous trouvez sur un chemin de la vie dont vous ne connaissez rien, dont l'issue vous semble incertaine et la direction troublante, mais si vous avez le Seigneur comme guide, les choses finiront toujours par prendre forme quel que soit le temps, l'espace et les circonstances. Le Seigneur tiendra parole, croyez-le. Vous devriez le croire et agir en conséquence. Ne vous questionnez pas sur l'issue de la mission, contentez-vous de faire la volonté de Dieu, de marcher sur le chemin qu'il vous a indiqué même quand tout va mal, même quand tout le monde est contre vous et même lorsque vous ne voyez rien venir, alors continuez d'avancer et rassurez-vous d'une chose : Dieu est fidèle. Rappelez-vous que votre progrès dépend de votre foi et de votre mouvement : si vous croyez mais que vous ne bougez pas dans la direction du Seigneur, il n'y aura pas de changement, ni résultat ni de miracles. Vous devriez vous lancer par la foi dans cette mission et Dieu vous soutiendra par sa main puissante. Ne dites pas en croisant les bras lorsque vous avez reçu une direction claire de la part du Seigneur ; Dieu connait toutes choses et avec le temps les choses finiront par s'arranger. Vous devriez savoir que si vous ne faites pas votre part, le temps ne fera rien de favorable pour vous, au contraire, il va prendre votre force, votre jeunesse et votre vie. N'attendez pas mais agissez par la foi. N'ayez pas peur des critiques, les gens sont toujours sceptiques quant aux nouvelles choses mais ils finissent aussi toujours par s'habituer, accepter et s'accommoder. N'ayez pas peur du changement et des nouvelles choses, Dieu ne fait pas toujours les mêmes choses de la même manière avec tout le monde. Dieu est unique, toute personne l'est également et Dieu agit parfois différemment envers telle ou telle personne pour atteindre tel ou tel objectif. Ne soyez pas dans les comparaisons mais suivez le Seigneur car votre mission est la vôtre et non la responsabilité de quelqu'un d'autre. Soyez ferme dans la foi, inébranlable et constant.

Chapitre 4

Vous êtes ce que Dieu dit que vous êtes

Ne pensez plus aux événements passés, et ne considérez plus ce qui est ancien. Voici, je vais faire une chose nouvelle, sur le point d'arriver : Ne la connaîtrez-vous pas ? Je mettrai un chemin dans le désert, et des fleuves dans la solitude.

Ésaïe 43 :18-19

Dans ce monde rationnel et matérialiste où nous vivons, très souvent la valeur d'un homme n'est approuvée que par ses avoirs ou son influence. L'homme n'est valorisé, qualifié et même jugé que par rapport à ce qu'il possède. Plusieurs critères sont appliqués pour attribuer de la valeur ou de la considération à l'homme. Parmi ces critères de valorisation, il y a les circonstances, les conditions de vie, les diplômes académiques, les relations, la renommée, les biens matériels, les richesses, la beauté et l'apparence physique ; les compétences telles que la rhétorique, la force, la puissance ; la domination et l'intelligence. La liste n'est certes pas exhaustive bien sûr. Cependant, ces critères de jugement et d'appréciation créent au sein de nos sociétés des frustrations et des classes des personnes. Elles suscitent en nous une sorte de psychose nous conditionnant et nous poussant à avoir coûte que coûte ce que les autres ont pour être aussi valorisé et considérer à notre tour. Ces critères engendrent également le complexe, l'envie de ressembler ou d'imiter tant soit peu les autres pour avoir l'avis favorables du public : être agréé, félicité et accepté. D'où, nous sommes souvent poussés, animés, voire tentés par l'envie de plaire aux autres plutôt qu'à Dieu. Il y a là l'envie de vouloir dominer, d'avoir le dessus, se positionner en premier et en rivalité contre les autres. Avoir un regard favorable sur soi-même au point de devenir un propre-juste parce que selon notre société, c'est le premier qui est le meilleur, qui est félicité et applaudi même s'il a triché. Dans ce monde séculier souvent la manière d'atteindre le sommet importe peu, l'essentiel c'est d'y arriver même si l'on a marché sur les autres, volé, tué, ou utiliser d'autres voies tortueuses…

Plusieurs facteurs dans nos sociétés incitent à ces vices de jugement tels : l'injustice, l'égoïsme, la rivalité, la comparaison, la convoitise, etc. Puisque ce sont les concours, les tableaux d'honneurs, les classements, les diplômes de mérites, les trophées... qui valorisent l'homme selon la réalité mondaine. Et l'ennemi Satan utilise ces critères pour nous garder esclave du monde, esclave de nous-même et pour nous mettre en conflit les uns les autres pourtant le Seigneur Jésus a dit :

> *Gardez-vous attentivement de toute cupidité ; car même dans l'abondance, la vie d'un homme ne dépend pas de ce qu'il possède.*
>
> Luc 12 :15

Vous devez savoir que la philosophie mondaine est radicalement opposée à celle de Dieu, car aux yeux du Seigneur ce ne sont pas ces critères humains ou ce que disent les hommes qui donnent de la valeur à l'homme mais c'est ce que Dieu déclare d'une personne. Ce qui compte le plus devant le Seigneur c'est le degré de Sa connaissance chez une personne. C'est la qualité de sa relation intime avec Lui. L'Éternel reprochait aux fils du sacrificateur Eli une seule chose : le manque de Sa connaissance. Il est écrit dans 1 Samuel 2 :12 : « *les fils d'Eli étaient des vauriens,* ***ils ne connaissaient pas l'Éternel*** ». Pourtant ils étaient des prêtres en Israël, des hommes honorables et respectables aux yeux de tous mais leur manque de la connaissance de Dieu les rendaient détestables devant Dieu. Selon Daniel 11 :32, seul le peuple qui connait l'Éternel son Dieu peut agir avec fermeté. En d'autres termes, sans la connaissance de Dieu, aucun homme ne peut agir avec fermeté, avec justice et équité. C'est pourquoi les enfants d'Eli ne pouvaient plaire à Dieu. Tout est vanité nous dit le sage Ecclésiaste (Ecclésiaste 1 :2). La connaissance de l'Éternel est le seul véritable trésor et critère valorisante que la Bible apprécie dans l'homme. Christ a dit un jour à un homme : « *Suis-moi, et laisse les morts ensevelir leurs morts* » (Matthieu 8 :22 ; Luc 9 :60). Quoique vivants, puisque ces hommes n'avaient pas la connaissance véritable de Dieu en eux, ils étaient morts quant à Dieu. Puisque selon 1 Jean 5 :12 : « *Celui qui a le Fils a la vie, celui qui n'a pas le Fils de Dieu n'a pas la vie* ».

L'homme est fait pour l'éternité, pour vivre en présence de Dieu et selon Dieu. Le temps n'est en quelque sorte qu'une seconde chance que Dieu donne à l'homme pour qu'il choisisse définitivement la vie ou la mort, Dieu ou Satan ; le paradis ou l'enfer (Deutéronome 30 :19-20). La vie n'est vaut pas d'être vécu sans la connaissance véritable de Dieu et de celui qu'il a envoyé pour notre rédemption à savoir Jésus-Christ selon Jean 17 :3 : « *Or, la vie éternelle, c'est qu'ils te connaissent, toi le seul vrai Dieu, et celui que tu as envoyé, Jésus-Christ* ».

Le roi David étant un homme sage et expérimenté, avait laissé à son fils et successeur un conseil de taille en ces mots : « *Quant à toi, Salomon, mon fils,* ***connais le Dieu de ton père et sers-le*** *avec un cœur sans réserve et un esprit bien disposé. Si tu le cherches, il se laissera trouver par toi, mais si tu l'abandonnes, il te rejettera* » (1 Chroniques 28 : 9). Le roi David avait compris les critères véritables de la valeur d'un homme et son appréciation quant à Dieu : la connaissance et la crainte de Dieu. Ces deux choses représentent la clé de l'estime de soi, de la considération et de la qualification de tout homme sur terre. D'abord, l'homme a une valeur inestimable et intrinsèque du simple fait qu'il est créé à l'image et à la ressemblance de Dieu ; ensuite, de sa connaissance de son Créateur et enfin, de la qualité de sa marche suivant la volonté de son Créateur. C'est pourquoi lors de la conquête de Canaan, seuls ceux qui connaissez l'Éternel (Josué et Caleb) étaient entrés dans la terre promisse (Nombres 14 :38). La connaissance de l'Eternel est le secret de la bonne vie sur terre. Il n'y a rien qui soit plus grand et important dans la vie d'une personne que la connaissance et la crainte de l'Éternel.

Nombreux sont riches quant à eux-mêmes et aux yeux du monde mais ils sont si pauvres et si misérables quant à Dieu leur créateur (Luc 12 :21). Parmi les lettres envoyées aux églises d'Asie ; la septième envoyée à l'église de Laodicée, le Seigneur leur faisait la remarque suivante : « *Parce que tu dis : Je suis riche, je me suis enrichi, et je n'ai besoin de rien, et parce que tu ne sais pas que tu es malheureux, misérable, pauvre, aveugle et nu. Je te conseille d'acheter de moi de l'or éprouvé par le feu, afin que tu deviennes riche, et des vêtements blancs, afin que tu sois vêtu et que la honte de ta nudité ne paraisse pas et un collyre pour oindre tes yeux, afin que tu voies* » (Apocalypse 3 :17-18). Quel que soit ce que vous êtes et ce que vous faites, si vous n'avez pas de la connaissance de Dieu ainsi que de sa crainte dans votre cœur, vous êtes un vaurien, vous êtes un insensé (Proverbes 8 :36).

Malheureusement l'une des graves erreurs que commettent souvent les enfants de Dieu et qui leur attirent vers le bas, c'est le fait, malgré la nouvelle naissance, ils continuent à prendre en compte ce mauvais système de qualification et de jugement des hommes ainsi que certaines coutumes et traditions contraires à la parole de Dieu. Au lieu de laisser le Saint-Esprit par le moyen de Saintes-Ecritures renouvelé leurs intelligence, au lieu de prendre à cœur ce que Dieu dit que nous sommes et ce que nous pouvons faire. Nous traînons ce que les hommes disent que nous ne sommes pas et que nous ne pouvons pas faire. La révélation la plus déterminante et la plus importante sur votre vie est celle qui vient de Dieu, de ce qui vient de sa Parole et non d'une autre source. C'est ce que Dieu dit qui compte et a plus de valeur que n'importe quelle autre parole de qui que ce soit. Et si vous vous appuyez de tout votre cœur sur ce que Dieu a dit à votre égard, vous germerez quel que soit l'endroit où vous vous trouvez. Vous devez savoir que les critères de Dieu, sa logique et ses voies ne sont pas comme ceux des hommes. A cause du péché, de la séparation de l'homme d'avec Dieu ainsi que du refus des hommes à la repentance, et à la soumission à la volonté parfaite de Dieu (la Bible), les hommes ont un raisonnement et un jugement des choses altérés. L'apôtre Paul en parlait à son époque en ces termes :

> *Ils sont donc inexcusables, puisque, ayant connu Dieu, ils ne l'ont pas glorifié comme Dieu et ne lui ont pas rendu grâces ; mais ils se sont égarés dans de vains raisonnements, et leur cœur sans intelligence a été plongé dans les ténèbres. Se vantant d'être sages, ils sont devenus fous…*
>
> Romains 1 :21 :22

Les hommes ne savent pas appréciés les choses à leur juste valeur. Prenons le cas de Belshatsar par exemple. Selon ses compatriotes et les peuples environnants, il n'était pas le moindre des hommes dans le grand empire babylonien (une puissance de frappe et de destruction). Il régnait avec son père : le général-chef Nabonide. Balshatsar occupait la deuxième place dans la corégence de l'empire après son père. Lorsque ce dernier était absent, il régnait comme vice-roi à Babylone. Il était craint, respecté et même adoré. Il avait le pouvoir de vie et/ou de mort sur ses sujets. On le regardait de haut et lui, il regardait tout le monde d'en bas. Il était le fils à papa, le fortuné, le boss, plein aux as. Mais un jour tandis que tout le monde le voyait grand, élevait et lui souhaitait longue vie ; Dieu donna également son verdict en ces mots : *mené* : « *Dieu a compté ton règne et y mis fin* » ; *téquel* : « *Tu as été pesé dans la balance et tu as été trouvé léger* » et *parsîn* : « *Ton royaume sera divisé et donné aux Mèdes et aux Perses* ». Cette même nuit, Belshatsar, roi des Chaldéens, fut tué (Daniel 5 :25-30). Pour les hommes, son règne devait se prolonger mais pas pour Dieu ; pour les hommes il était grand mais pas pour Dieu ; pour les hommes son royaume était en paix durable mais pas pour Dieu. Au final, c'est ce que Dieu avait dit qui s'était accomplie. Malgré l'immensité de son royaume, ses richesses et sa puissance, Dieu lui a trouvé léger. Cette histoire montre combien la vie d'un homme ne dépend pas de ce qu'il possède.

L'histoire de la ville de Jéricho en est un autre exemple. En effet, si pour ses habitants, son roi et ses guerriers, Jéricho n'était pas n'importe quelle ville, mais plutôt une ville forte, barricadée et imprenable. Cela n'en été pas autant pour Dieu. Les habitants de Jéricho se croyaient être en sécurité absolue sous la protection de la muraille de leur ville. Pour eux, personne ne pouvait démolir leur muraille ni menacer leur sécurité. Mais aux yeux de Dieu, ils étaient dans l'insécurité complète puisque leur ville avait été vouée à interdit par l'Éternel. Elle avait été donnée à Israël, son peuple. Par des simples clameurs et des simples sons des trompettes, l'Éternel fit écrouler le rempart de Jéricho et Israël s'empara de la ville (Josué 6 :20). Ils se croyaient en sécurité mais Dieu les trouvait en insécurité totale.

Aux yeux des hommes vous pouvez être considéré comme une personne qui ne vaut pas grand-chose, quelqu'un de raté, un incapable, un misérable et malheureux etc. Mais ce n'est pas tous ces qualificatifs qui comptent le plus. C'est ce que Dieu dit sur vous puisqu'il est le seul capable à changer le passé, le présent et le futur d'une personne. Combien d'hommes et des femmes dans la Bible et de nos jours étaient de vaurien quant aux hommes et que Dieu a utilisés puissamment et qu'Il a élevés. La parole de Dieu s'accompagne avec un pouvoir de transformation, d'accomplissement et de réalisation de ce que qu'Il a dit. Quand Dieu vous dit que vous vaincrez, cette parole marchera devant vous pour vous faire vaincre quel que soit les obstacles. Quand Il dit que vous vivrez, cette parole entrera en vous et redonnera vie à tout ce qui était mort. Ne prenez pas à cœur les dires des hommes mais appuyez-vous plutôt sur la parole et les promesses de Dieu. La Bible dit que : « *les voies de Dieu sont parfaites, la parole de l'Éternel est éprouvée ; il est un bouclier pour tous ceux qui se confient en lui* » (Psaumes 18 :31).

La mort du diacre Etienne pouvant être perçue comme une défaite pour l'Eglise primitive aux yeux des païens mais pas dans le plan de Dieu. Cela était au contraire nécessaire, car elle représentait l'élément déclencheur de l'expansion missionnaire. Suite à la lapidation du diacre, il y a eu la persécution et c'est grâce cette persécution que l'Évangile a atteint la Judée, la Samarie, l'Afrique et le monde entier (Actes 8 :1-5 ; 30 ; 40). Les critères d'évaluation du succès et de la réussite des hommes diffèrent largement de ceux de Dieu ainsi que les stratégies susceptibles d'atteindre les objectifs fixés. L'apôtre Paul disait aux Philippiens : *Je veux que vous sachiez, frères, que ce qui m'est arrivé à plutôt contribué aux progrès de l'Évangile. En effet, dans tout le prétoire et partout ailleurs, nul n'ignore que c'est pour Christ que je suis dans les liens.* (1 :12-13). Si pour les uns l'emprisonnement de l'apôtre était le fruit de ses fautes et de son imprudence et si pour les autres cela était un échec en ce qui concerne l'avancement de l'œuvre de Dieu, mais pour l'apôtre Paul, cela contribuait efficacement aux progrès de l'Évangile puisqu'il devait rendre témoignage de Christ devant les rois (« *Mais le Seigneur lui dit : va, car cet homme est un instrument que j'ai choisi, pour porter mon nom devant les nations, devant les rois, et devant les fils d'Israël* » Actes 9 :15). C'est grâce à l'emprisonnement qu'il est arrivé jusqu'à l'empereur à Rome, sans compter son témoignage devant le gouverneur Félix et sa femme, Festus, et le roi Agrippa. C'est Dieu seul qui connait d'avance et réellement le chemin par lequel vous devait ou vous allez passer pour l'accomplissement de sa volonté. Israël avait connu l'exode et avait reçu la promesse d'entrée en terre promisse mais il n'avait jamais reçu la révélation du chemin exact à parcourir pour y entrer.

Pour les frères de Joseph, s'en été assurément fini avec le faiseur de songes après l'avoir vendu comme esclave en Egypte. Seulement ils ne se rendaient pas compte qu'ils étaient et servaient de canal dans l'accomplissement de la volonté de Dieu pour eux-mêmes d'abord, pour Joseph et pour toute la nation d'Israël. Vous devez savoir qu'étant enfant de Dieu, vos échecs certaines fois sont des réussites, sont des succès dans l'accomplissement du plan de Dieu tracé d'avance d'abord pour les autres, pour vous et pour le royaume des cieux. Pour qu'une semence pousse, il doit d'abord mourir. Pour qu'un homme soit vieux et sage, il doit d'abord être un bébé. Pour réussir, il faut d'abord échouer. Pour avoir la paix, il faut d'abord qu'il y est la guerre. Pour tenir son enfant dans ses bras, il faut d'abord qu'une femme paye le prix de la souffrance, de la douleur. Même Christ notre sauveur, bien qu'Il fût Fils de Dieu, Il devait d'abord passer par le processus normal et logique de la souffrance pour apprendre l'obéissance (Hébreux 5 :7-10). Et, avant d'être élevé et s'assis à la droite de Dieu, Il devait d'abord descendre dans les régions inférieures de la terre (Ephésiens 4 :8-10). Quand vous êtes au servir de Dieu, quand vous êtes dans la main de Dieu, même si vous échoué ou vous descendait plus bas d'après les hommes, ne vous inquiétez pas. Sachez simplement que certaines fois même ce que nous appelons échec, sert dans l'accomplissement du plan de Dieu, parfois pour vous enseigner quelque chose.

Ce ne sont pas les avis des hommes qui comptent mais ceux de Dieu seul. Vous travaillez pour Dieu et avec Dieu. C'est à Lui seul que vous devriez plaire. Si vous voulez en même temps plaire aux gens, vous ne serez plus serviteurs de Dieu (Galates 1 :10). Le Seigneur a ses propres moyens, ses propres méthodes et stratégies pour atteindre ses objectifs au travers de nous. Pour les hommes Paul avait peut-être fait fausse route ou pire encore qu'il a même échoué, et que ce serait la fin de son ministère, mais pour Dieu c'était une nouvelle porte différente de la première. L'apôtre Paul était conscient de son appel et de la direction de Dieu pour son appel. Il tenait à tout prix achevé sa mission. C'est ce qu'il dit clairement aux Galates :

> *Mais, lorsqu'il plut à celui qui m'avait mis à part dès le sein de ma mère, et qui m'appelé par sa grâce, de révéler en moi son Fils, afin que je l'annonçasse parmi les païens, aussitôt, je ne consultai ni la chair ni le sang* (Galates 1 :15-16).

Ce ne sont pas les dires des hommes qui influençaient l'apôtre Paul mais la parole de Dieu et Sa volonté dans sa vie. C'est ce que Dieu disait et voulait qui comptait pour l'apôtre Paul. Il dira vers le soir de son ministère aux anciens de l'église d'Éphèse : « *Mais je ne fais pour moi-même aucun cas de ma vie, comme si elle m'était précieuse, pourvu que j'accomplisse ma course avec joie, et le ministère que j'ai reçu du Seigneur Jésus, d'annoncer la bonne nouvelle de la grâce de Dieu* » (Actes 20 :24). C'est par la prison que Joseph a eu l'occasion de rencontrer Pharaon et de devenir par la suite vizir, l'intendant de tout le pays d'Égypte (Genèse 41 :37-46). Aux yeux de tous les Égyptiens il n'était qu'un pauvre esclave, mais aux yeux de Dieu, Joseph était le futur gouverneur d'Égypte. Aux yeux de cananéens, Abram et Saraï étaient stériles et étrangers mais aux yeux de Dieu, Abram était Abraham (père d'une multitude de nations) et Saraï était Sara (mère de nations) et ils étaient les véritables propriétaires des terres de Canaan (Genèse 17).

Aux yeux de ses frères, Jephthé était un enfant illégitime et n'avait pas droit à l'héritage, mais aux yeux de Dieu il était le chef de Galaad, un vaillant héros qui devait délivrer son peuple (Juges 11). Les gens ont souvent des opinions erronées, des jugements aberrants et tordus. Ils ne savent pas apprécier les choses à leur juste valeur tout simplement parce qu'ils ne sont pas leurs concepteurs. Au lieu de considérer ce qui est, l'intérieur, le fond et la fin d'une chose, souvent les hommes regardent aux apparences et au présent. Seul Dieu qui est notre concepteur, notre créateur nous connait véritablement à court et à long terme. Lui seul connait de quoi nous sommes faits et les raisons pour lesquelles nous sommes faits (Psaumes 139). Ses jugements sont justes et véritables. Si Dieu dit quelque chose sur vous de bien ou du mal, croyez-le parce que c'est Lui qui vous a fait. Il vous connait parfaitement de l'intérieur jusqu'à l'extérieur. Il regarde au cœur et non aux apparences (1 Samuel 16 :7).

Les crises sont des opportunités

Vous devriez savoir qu'aux yeux de Dieu, les crises sont des opportunités susceptibles d'avancer son œuvre rédemptrice à travers le monde. Et, de nos jours, il y a tellement d'opportunités pour annoncer Christ partout dans le monde. Là où l'ennemi cherche à détruire et là où les hommes critiquent et pincent, Dieu fait avancer son œuvre. Même si les situations ne sont pas favorables pour vous, croyez à ce que Dieu vous a dit, à ce qu'Il a dit que vous êtes et ce que vous pouvez faire grâce à Lui. Là où même pour bon nombre des hommes vous avez échoué mais pour Dieu, vous avez fait un travail remarquable qui germera en son temps car Il ne juge pas la victoire ou le succès de la même manière que les hommes. Si vous avez semé par ordre de Dieu et même si vous n'aviez pas vu les gerbes de vos yeux ou de votre vivant, sachez que Dieu veillera lui-même sur la semence et qu'Il la fera germer au temps voulu. Aux yeux de Dieu vous êtes plus que vainqueur, vous êtes triomphant.

> *Parce que tout ce qui est né de Dieu triomphe du monde ; et la victoire qui triomphe du monde, c'est notre foi. Qui est celui qui a triomphé du monde, sinon celui qui croit que Jésus est le Fils de Dieu ?*
>
> 1 Jean 5 :4-5

A travers votre foi en Christ, vous êtes mort au monde mais vivant pour Dieu, vous êtes une nouvelle personne réconciliée avec Dieu (1 Corinthiens 5 :19) et cette réconciliation vous place en position de force, de victorieux ; vous êtes des héros de Dieu et ses vaillants soldats. Dorénavant, le monde n'a plus d'influence sur vous, ni les puissances occultes car vous êtes transporté et caché avec Christ dans la gloire en Dieu (Colossiens 3 :1-4). Les qualifications des hommes ne valent pas mieux que celles de Dieu votre créateur, qui vous connaît mieux que quiconque et qui a votre avenir dans sa main. Vous êtes enfant de Dieu, sauvé par grâce et Dieu est votre Père. N'oubliez pas que vous êtes ce que Dieu dit que vous êtes. Soyez audacieux et courageux, persévérant et déterminer ; ne reculez devant rien mais osez quel que soit les circonstances et les moments. Votre Dieu, Jésus-Christ, est capable de vous donner la victoire et de vous distinguer, tout ce qu'Il attend c'est que vous avancez par la foi. Appuyez-vous sur Dieu et sur ses promesses, rassurez-vous qu'Il aplanira toutes les montagnes dressées devant vous. Vous n'êtes pas seul, même lorsque tout va mal et que vous ne sentez rien ou que vous ne voyez rien venir. Ne regardez pas à vous-même, ni autour de vous mais à Dieu seul. Proverbe 3:5-6 « *Confie-toi en l'Eternel de tout ton cœur, et ne t'appuie pas sur ta sagesse. Reconnais-le dans toutes tes voies et il aplanira tes sentiers* ».

Chapitre 5

Souvenez-vous de ceci : à Dieu seul soit la gloire

Vous de même, quand vous avez fait tout ce qui vous a été ordonné, dites : Nous sommes des serviteurs inutiles, nous avons fait ce que nous devions faire.

Luc 17 :10

Dieu nous aime énormément, Il travaille dans nos vies avec amour, miséricorde, et tendresse, dans le calme et avec patience. Sa douceur est incomparable. Son Esprit Saint agit d'une manière extraordinaire en nous positionnant dans la direction de Sa volonté avec une efficacité sans pareil. Dans tout son agir, Dieu n'exige rien en retour car sa bonté et son amour sont inconditionnels et sans limites. Il nous choisit par amour, Il nous utilise par amour malgré nos défauts, nos imperfections et nos erreurs. Il nous supporte et Il nous reçoit à bras ouvert tels que nous sommes. Nous sommes ses soldats et nous obéissons aux ordres divins sans opposition ; cela ne fait pas de nous des hommes ou des femmes spéciales mais plutôt des outils au moyen desquels Dieu travaille pour accomplir son œuvre.

Aux yeux de Dieu nous sommes que les instruments, des outils qui lui permettent de faire éclater sa gloire et réaliser ses desseins. Dieu l'a déclaré ouvertement à Ananias au sujet de Paul : «... *Va, car cet homme est un instrument que j'ai choisi...* » (Actes 9 :15). D'abord, Dieu se sert d'Ananias comme instrument pour ouvrir les yeux de Paul, lui baptiser et lui consacrer mais Il choisit également Paul comme un autre instrument pour une autre mission bien définie.

C'est quoi un instrument ? C'est un objet connu et utilisé pour effectuer une tâche particulière afin d'atteindre un but quelconque ; c'est aussi un objet permettant d'exécuter une action. C'est donc dire que Dieu fabrique comme bon lui semble chacun de ses serviteurs pour l'utiliser à effectuer une tâche précise afin qu'Il atteigne l'objectif qu'Il s'est souverainement fixé, c'est-à-dire Sa volonté.

Un instrument ou un outil n'est rien sans un utilisateur. Une guitare par exemple est un instrument de musique conçue pour produire des sons musicaux mais elle ne peut rien produire comme son si le guitariste ne le manipule. Encore, elle peut produire des mauvais sons si elle est utilisée par un amateur. Il en est de même pour nous, serviteurs du Seigneur. Si le Seigneur ne peut agir en nous, nous ne pouvons rien accomplir d'impressionnant. Si nous nous laissons manipuler par notre orgueil, notre fin sera désastreuse. Le Seigneur conçoit chacun de ses serviteurs en tenant compte de la complexité de la mission, de la tâche, des responsabilités qu'Il veut lui confier et de Son objectif. Toute fois, c'est lui qui agit en nous à travers son Esprit agissante en nous afin de nous rendre à la hauteur de la tâche.

Quand Jésus disait à ses apôtres " *sans moi vous ne pouvez rien faire* " (Jean 15 :5), cela ne veut pas dire que ses apôtres ne pouvaient pas travailler ou étaient incapables de travailler, mais plutôt Jésus disait que le travail sera d'autant plus mieux, plus efficace et plus productif lorsque ses apôtres se laisseront conduire humblement par lui seul. Nous sommes à la hauteur de notre tâche lorsque nous reconnaissons notre position intermédiaire dans l'œuvre du Seigneur. Si donc nous nous laissons emporter par l'orgueil, si donc nous pensons que tout ce que s'est produit est le fruit de notre force, de notre expertise, de notre capacité et de notre ingéniosité, le Seigneur qui résiste aux orgueilleux (Jacques 4 :6) nous rabaissera.

Il fut un moment dans mon ministère les gens appréciaient beaucoup mes sermons, à tel point qu'ils venaient me dire afin des cultes : tu as bien prêché ; tu prêches trop bien ; félicitation… Ces louanges commencèrent à monter dans mon esprit au point de me considérer spéciale et capable des grandes choses par moi-même. Au bout d'un certain temps j'étais devenu léger et mes paroles n'avaient plus aucun effet sur mon auditoire. Gloire à Dieu puisque au fond de moi je me rendais compte que cela était dû à mon orgueil. Je m'en suis repenti devant le Seigneur. Nous devrions faire très attention aux pièges de l'ennemi, car il cherche et veut exploiter tous les moyens possibles de nous éloigner de Dieu.

De nos jours, nombreux des serviteurs de Dieu brandissent à la TV, à la radio, aux medias sociaux ou encore sur leurs affiches les miracles et les prodiges que Dieu a opéré à travers eux comme s'ils les ont faits par leurs propres efforts. Ils se sont accaparés des gros titres (Archi-bishop ; révérend…) donnant l'impression que c'est par leurs forces qu'ils prêchent bien, qu'ils accomplissent des miracles. Il suffit de regarder leurs messages ou leurs publicités à travers les médias, leurs modes de vie, leurs protocoles, les enseignes placés à l'entrée ou l'intérieur des temples de prière pour comprendre que bon nombre des serviteurs de Dieu actuels recherchent leurs gloires et non celle du Seigneur. Que la confiance de Dieu que nous avons reçue par sa grâce ne nous laisse pas penser que nous sommes extraordinaires sans lui. Mais plutôt reconnaissons que notre force c'est Lui. C'est Lui notre capacité d'accomplir des grandes choses. Que donc la grâce que nous avons reçue ne nous trompe pas. Si nous nous laissons manipuler par notre orgueil, notre fin sera désastreuse.

Les écritures nous informent dans Ésaïe 42 :8 que l'Éternel ne donnera pas sa gloire à un autre ni son honneur aux idoles. Donc dans tout ce que nous faisons en tant que serviteur de Christ, nous devons rechercher que l'honneur et la gloire du Seigneur. Rappelons-nous de la mort du roi Hérode, lui qui se fait Dieu (Actes 12 :22-23) ; ainsi que du sort du roi Nebucadnetsar qui croyait bâtir Babylone par sa propre force, pour la gloire de sa magnificence (Daniel 4 :28-33), pour en citer ceux-là.

L'attitude de son cœur

Lorsque nous examinons de prêt la vie des hommes de Dieu à travers les Saintes Écritures, nous constatons que dans la marche avec Dieu, il est primordial de veiller d'abord sur l'attitude de notre cœur parce qu'elle peut nous faire encore soit recevoir les grâces de Dieu soit de nous en priver. Un bon cœur attire la faveur de Dieu mais un mauvais attire sa colère. Lorsque l'Éternel accorda un prodige à Ézéchias pendant sa maladie et que ce dernier manqua de reconnaissance au bienfait de l'Éternel, car son cœur s'était élevé ; la Bible dit que la colère de l'Éternel s'enflamma contre lui, non seulement contre lui mais aussi contre Juda et contre Jérusalem (2 Chroniques 32 :24-25). Une mauvaise attitude de cœur aussi simple qu'elle fût allait causer la perte d'Ézéchias ainsi que celle de toute une nation. Parfois à un certain niveau de notre marche avec Dieu, les choses semblent stagner, se bloquer voire ralentir. On a comme l'impression d'être seul et sans appui du Seigneur et que nous manquons de paix dans notre cœur. En ce moment, il faut s'arrêter et faire un examen de conduite et d'attitude, on sera parfois surpris de constater que c'est à cause de la mauvaise attitude de notre cœur, de notre manque d'humilité ainsi que de manque de reconnaissance vis-à-vis du Seigneur, vis-à-vis de son amour et de sa miséricorde que la paix de Dieu nous a quitté. Ne négligez pas le contrôle de l'attitude de votre cœur, car elle peut constituer un solide blocage sur la manifestation de la puissance de Dieu dans votre vie. L'apôtre Jacques déclare : *Dieu résiste aux orgueilleux, mais il fait grâce aux humbles* (Jacques 4 :6b). Si nous gardons un sentiment de suffisance, d'orgueil dans notre cœur, au point de nous croire meilleur, spécial, grand et élevé, nous serons surpris de voir le Saint-Esprit attristé et son feu s'éteindre (cf. Jn 14 :16, 1Th 5 :19), et dès ce moment, tout ne sera que du forcing et de la mécanique humaine. L'attitude de notre cœur est la clé de l'élévation, de la manifestation de la grâce et de la puissance de Dieu dans notre vie. Il suffisait juste d'humilité, de reconnaissance et d'une bonne attitude de cœur pour que la faveur de l'Éternel puisse continuer de se manifester envers Ézéchias et à travers tout le pays de Juda (2 Chroniques 32 :26-27).

Le Seigneur n'attend pas de l'argent au retour ou quelque chose d'autre de plus spéciale lorsqu'il porte ses regards sur nous et qu'Il nous utilise comme instrument. La principale chose qu'Il espère recevoir de nous c'est de la gratitude, de l'humilité et de la reconnaissance vis-à-vis de son amour. Notre réponse doit-être un cœur brisé et reconnaissant devant la grâce de Dieu, devant son amour inconditionnel et sa miséricorde. Vous devriez savoir que quoi que ce soit que vous accomplissez ou que vous avez accompli, c'est en réalité, le Seigneur Jésus-Christ qui l'accomplit à travers vous (Ésaïe 26 :12). Vous êtes utile aux yeux de Dieu mais incapable sans Lui, c'est Dieu qui vous qualifie, c'est Christ en vous qui vous rend capable de dominer le monde ainsi que ses passions et les mauvais désirs. C'est grâce à Christ seul que vous pouvez servir avec fidélité et intégrité, et d'être agréable à notre Père qui est dans les cieux. Souvenez-vous de cette parole du Seigneur Jésus : « … *Sans moi vous ne pouvez rien faire* » (Jean 15 : 5). Et si nous savons que c'est le Seigneur qui travaille en nous, rendons-lui grâce en toutes choses. Psaumes 50 : 14 dit : *Offre pour sacrifice à Dieu des actions de grâces, et accomplis tes vœux envers le Très-Haut.* Contrairement aux hommes, Dieu se suffit à lui-même et Il n'a besoin de rien d'autre de notre part sinon la reconnaissance, l'humilité vis-à-vis de sa grâce envers nous et de la crainte de son saint Nom. La Bible affirme que Dieu préfère la reconnaissance plutôt les holocaustes.

> *Si tu eusses voulu des sacrifices, je t'en aurais offert ; mais tu ne prends pas plaisir aux holocaustes. Les sacrifices qui sont*

> *agréables à Dieu, c'est un cœur brisé : O Dieu ! Tu ne dédaignes pas un cœur brisé et contrit.* Psaumes 51 :18-19

Sachez garder une bonne attitude dans la marche avec Dieu. Vous ne savez pas ce que Dieu vous réserve, vous risquerez de manquer des nouvelles et des grandes choses à cause d'orgueil et d'esprit de suffisance. Souvenez-vous que c'est à Dieu qu'appartiennent la gloire, l'honneur et la puissance. C'est Lui seul qui doit être vu et glorifié. Soyez toujours reconnaissant et humble devant sa majesté, car vous n'êtes meilleur que personne et si Dieu agit en vous, c'est simplement par amour. Parce qu'il veut faire ce qu'Il veut faire mais à travers vous. Vous êtes un simple instrument entre ses mains. Ne tombez dans les pièges de l'ennemi pouvant vous pousser à penser que vous êtes quelqu'un sans Dieu. Votre vie, tout comme votre capacité et votre succès dépendent de celui qui est mort sur la croix pour vous et Qui continue à agir en vous par son Esprit-Saint. Souvenez-vous toujours de 1 Corinthiens 4 : 7 où l'apôtre Paul dit : *Car qui est-ce qui te distingue ? Qu'as-tu que tu n'aies reçu ? Et si tu l'as reçu, pourquoi te glorifies-tu comme si tu ne l'avais pas reçu ?* Vous deviendrez inutile vis-à-vis de Dieu le jour où vous allez commencer à penser que vous êtes quelqu'un sans Lui et que vous avez mérité quoi que ce soit à ses yeux. Même si vous avez travaillé plus dur que les autres, sachez que c'est parce que la grâce de Dieu a été plus grande dans votre vie que dans celle des autres que vous avez pu le faire. Donnez toute la gloire à Dieu et effacez-vous. Ce n'est que lorsque vous savez rester à votre place que Dieu continuera à vous utiliser, sinon, Il changera d'instrument. L'apôtre Paul disait : *Je puis tout par celui qui me fortifie* (Philippiens 4 :13), c'est grâce à la puissance agissante de Dieu en vous que vous pouvez accomplir et achever la mission. Dieu continuera à vous rendre fort tant que vous continuerai à marcher humblement avec Lui. Soyez conscient de vos faiblesses et de vos limites et rendez grâce à Dieu pour sa capacité en vous. Le prophète Michée disait :

> *On t'a fait connaître, ô homme, ce qui est bien ; et ce que l'Éternel demande de toi, c'est que tu pratiques la justice, que tu aimes la miséricorde, et que tu marches humblement avec ton Dieu.* Michée 6 :8

Marcher humblement avec son Dieu implique une bonne attitude de cœur ainsi que de la reconnaissance de sa grandeur et de sa puissance agissante en nous. C'est Lui notre créateur, nous existons grâce à son amour. Il nous a fait et Il nous a donné tout que nous avons et tout que nous connaissons. Peu importe ce que nous sommes ou que nous accomplissions, c'est grâce à Dieu et nous devrions à tout temps Lui rendre grâce. Soyez toujours reconnaissants (Colossiens 3 :15).

Chapitre 6

Ce n'est pas fini

Nous avons souvent tendance à oublier si facilement que, ce que Dieu a fait l'hier dans nos vies, Il peut également le faire aujourd'hui et demain. Cette tendance d'oubli de la puissance de Dieu et de son intervention, fait que notre foi soit instable et inconstante, à tel point que devant des nouvelles missions et des nouveaux défis à relever, nous paniquons si vite et nous perdons courage tandis que Dieu est le même, Il est avec nous aujourd'hui comme Il était avec nous l'hier. Il demeure fidèlement fidèle dans sa fidélité et dans ses promesses. Nous oublions si vite qu'Il est le même l'hier, aujourd'hui et pour l'éternité. Vous devriez savoir que même si la mission à changer et qu'elle est devenue plus complexe et plus difficile que les précédentes, Dieu n'a pas changé, Il est toujours aussi Tout-Puissant aujourd'hui qu'Il était l'hier et que si vous compter sur Lui, Il agira de la même manière que l'hier.

Si vous avez déjà vue la gloire de Dieu une fois, sachez que si vous croyez fermement, vous le verrez encore et toujours. Vous devriez avoir en mémoire ce que le Seigneur a déjà fait pour vous, les situations difficiles dont Il vous a déjà délivré et croyez qu'Il vous délivrera encore et toujours et qu'Il sera toujours avec vous. Considérez les miracles passés comme des préludes aux plus grands, puisqu'avec le Seigneur, on va de progrès en progrès. Sachez que si vous avez satisfait aux premiers et petits tests, les plus grands et les plus difficiles viendront inévitablement. Si vous avez bien accomplis et bien satisfait aux premières missions moins grandes, moins importantes en vous basant sur Dieu et en faisant preuve de foi ainsi que de confiance en sa puissance, en sa fidélité et en sa capacité, vous pouvez être sûr que Dieu vous mettra devant des nouvelles missions et des nouveaux défis plus complexes ; parce qu'Il a trouvé un instrument de bonne qualité qui compte sur Lui et qu'Il peut très bien utiliser pour accomplir encore des grandes choses dans le monde. Dieu a une école et c'est dans cette école qu'Il fait des sélections et des présélections et ce sont ceux qui vont jusqu'au bout qui sont réservés pour des grandes choses, des grandes missions et de grands combats. Dans n'importe qu'elle armée grande ou petite soit-elle, tous les soldats ne sont pas formés de la même manière moins encore pour les mêmes objectifs. D'ailleurs, les critères de sélection suivant les différents corps spécifiques ainsi que la durée et l'intensité de la formation dépendent largement des types de mission à effectuer.

L'une de remarque capitale que l'Éternel faisait souvent à son peuple, c'est qu'ils oubliaient si rapidement sa présence au milieu d'eux, sa puissance éternelle et les miracles qu'ils venaient de voir, et que lorsqu'il se dressait un nouvel obstacle dans leur chemin, au lieu de rester calme et confiant à l'Éternel qui les a toujours délivré, ils couraient dans tous les sens dans la panique et dans l'incrédulité. C'est comme si après les avoir délivré une fois, Dieu ne pouvait plus rien faire pour eux et qu'ils étaient livrés à eux-mêmes, et qu'il fallait chercher la solution à ailleurs. Cette réaction d'Israël a toujours brisé le cœur de Dieu :

> *Car ainsi a parlé le Seigneur, l'Éternel, le Saint d'Israël : C'est dans la tranquillité et le repos que sera votre salut, c'est dans le calme et la confiance que sera votre force. Mais vous ne l'avez pas voulu !*
>
> Ésaïe 30 :15

Vous devriez être confiant dans la fidélité du Seigneur et savoir qu'Il viendra toujours à votre secours quel que soit le problème et la mission qu'Il vous a confiée. Qu'Il interviendra encore en votre faveur parce qu'Il vous aime et que vous êtes son enfant. Sachez que Dieu n'est point un homme pour mentir, ni fils d'un homme pour se repentir de ses décisions, ses promesses et de ses engagements (Nombres 23 :19). Le prophète Élie en est un exemple, après avoir confondu et égorgé les prophètes de Baal et d'Astarté à Carmel, il croyait achever la mission et demanda la mort. Mais la réponse de l'Éternel l'étonnant : *Lève-toi, mange, car le chemin est trop long pour toi* (1 Rois 19 :7). Pour le prophète, il n'y avait plus rien d'autre à faire puisqu'il avait pu ramener le peuple aux pieds de l'Éternel d'un côté, et que Jézabel voulait sa mort de l'autre côté. Mais pour l'Éternel, le prophète Élie avait encore des choses à accomplir de sa part malgré sa fatigue, sa peur et son découragement, dont les plus majeurs consistaient à oindre Hazaël pour roi de Syrie, Jéhu pour roi d'Israël et Elisée pour prophète à sa place (1 Rois 19 :15-16) et afin son enlèvement public qui démontra une fois de plus la puissance de Dieu mais surtout la finalité de ceux qui le craignent (2 Rois 2 :11).

Sachez que ce n'est pas fini, la manifestation de la puissance de Dieu dans votre vie. De la même manière que vous avez vue l'éclatement de la gloire de Dieu l'hier dans votre vie, vous le verrez encore aujourd'hui et demain. Dieu n'a pas changé, Il demeure le même de toute éternité et sa fidélité est sans limite. Ayez la paix devant n'importe quelle situation parce le Seigneur Jésus-Christ est avec vous tous les jours et le fait qu'Il soit là signifie qu'Il interviendra. Ne paniquez pas, ne fuyez pas non plus, sachez au contraire que Dieu observe quelle serait votre réaction vis-à-vis de cette nouvelle situation difficile. Il regarde et attend de voir si vous le ferez confiance; si vous proclamerez sa grandeur.

TABLE DES MATIERES

Souvenance Legrand GOLO-KOLO est marié à NTEBELE Chrisma Merveille. Ils ont deux enfants : Ruth et Christopher. Ils résident à Brazzaville, en République du Congo.

Il est le pasteur fondateur et visionnaire de l'église évangélique la voie (EEV), Assemblée de Dieu.

E-mail : legrandgolokolo@gmail.com

(+242) 06 923 02 55 / 05 638 83 85

Printed by Books on Demand GmbH, Norderstedt / Germany